CURSUS NOVUS

compactus

für Latein als zweite Fremdsprache

herausgegeben von Dr. Karl Bayer

GRAMMATISCHES BEIHEFT

A

LEKTIONEN
1 bis 50

von
Hartmut Grosser,
Dr. Friedrich Maier

unter Mitwirkung von
Kurt Benedicter
Dr. Gerhard Fink
Rudolf Hotz
Hubertus Kudla
Konrad Raab
Karlfriedrich Ruf
Hartmut Wimmer

C. C. BUCHNERS VERLAG · BAMBERG
J. LINDAUER VERLAG (SCHAEFER) · MÜ...
R. OLDENBOURG VERLAG · MÜNCHEN

CURSUS NOVUS compactus für Latein als zweite Fremdsprache
herausgegeben von Dr. Karl Bayer und verfaßt von einem Autorenteam:

Kurt Benedicter – Dr. Gerhard Fink – Hartmut Grosser
Rudolf Hotz – Hubertus Kudla – Dr. Friedrich Maier
Konrad Raab – Karlfriedrich Ruf – Hartmut Wimmer

1. Auflage   1 ^{5} 1993 ^{92}
Die letzte Zahl bedeutet das Jahr dieses Druckes.

Alle Drucke dieser Auflage sind, weil untereinander unverändert,
nebeneinander benutzbar.

C. C. Buchners Verlag   ISBN 3–7661–**5371**–4
J. Lindauer Verlag   ISBN 3–87488–**771**–5
R. Oldenbourg Verlag   ISBN 3–**486**–**83673**–0

(die fettgedruckten Ziffern sind die jeweiligen Bestellnummern)

Anregungen erbeten an den federführenden Verlag J. Lindauer 8000 München 33 Postfach 626
Gesamtherstellung: Graphischer Großbetrieb Friedrich Pustet, Regensburg
Printed in Germany

Arbeitsanleitung

Das *Grammatische Beiheft* (GB) ist, wie sein Name andeutet, dem Übungsbuch (ÜB), ,*bei*gegeben'; GB und ÜB gehören unmittelbar zusammen. Das GB liefert das grammatische Fundament, das den Bau des ÜB trägt. Der Übungsteil des ÜB und das GB sind zu einem eng aufeinander abgestimmten Arbeitsprogramm verbunden; die sogenannten G-Sequenzen (= Grammatik-Sequenzen), im ÜB und im GB mit dem gleichen Symbol G bezeichnet, greifen wie die Zähne von Zahnrädern ineinander: Der im Übungsteil des ÜB in Frageform aufbereitete Grammatikstoff einer Lektion wird an der entsprechenden Stelle des GB ausführlich dargestellt, zumeist mit unmittelbarer Beantwortung der gestellten Fragen.

Eine Lektion des GB umfaßt also jeweils den gesamten Grammatikstoff, der in der gleichbezifferten Lektion des ÜB neu geboten wird. Wenn man *bei der Anfertigung der Hausaufgabe* das GB geöffnet neben das ÜB legt, kann man sich jeweils sofort, ohne viel blättern zu müssen, orientieren und seine Leistung kontrollieren.

Die lateinische Sprache zeigt bis in ihre kleinsten Bestandteile eine sinnvoll geregelte Ordnung; diese soll man nicht nur erlernen, sondern auch *verstehen*. Deshalb sind den Regeln zuweilen knappe Begründungen beigefügt, die ihren Hintergrund erhellen. Der Kleindruck macht deutlich, daß man diese Begründungen nur mit Verstand zu lesen, nicht aber zu lernen braucht.

Eine derartige *Verstehenshilfe* will auch das *graphische Satzmodell* sein, an dem von Fall zu Fall gezeigt wird, welche Aufgabe eine neu zu lernende grammatische Erscheinung innerhalb des Satzes erfüllt. Wörter und Formen sind ja nicht lose, gleichsam in Materialkästen sortierte Teile, sondern Glieder eines funktionierenden Organismus. Und die kleinste Einheit dieses Organismus ist der Satz.

Formenlehre (d. i. die Lehre vom *Verbum* und vom *Nomen*) *und Syntax* (d. i. die Lehre von den *Fällen* und die Lehre vom *Satz*) laufen also *parallel* nebeneinander her, manchmal, wie es eben der Stoff bedingt, in engster Verbindung.

In den ersten 10 Lektionen werden die neu zu lernenden Spracherscheinungen besonders langsam und wohldosiert behandelt. Dies hat zur Folge, daß das Schema für die Beugung des Verbums (Konjugation) und das Schema für die Beugung des Substantivs (Deklination) nur allmählich aufgebaut werden. Damit diese Schemata aber als *Ordnungsrahmen* das Lernen und Verstehen erleichtern, sind sie von Anfang an vorgestellt: so füllen sie sich Lektion für Lektion immer mehr. Das Konjugationsschema ist in Lektion 7, das Deklinationsschema in Lektion 10 vollständig.

Wer die Erscheinungen der Formenlehre und der Syntax getrennt und in der Anordnung des Sprachsystems wiederholen und sich auf diese Weise einen Überblick verschaffen will, findet bei passenden Stoffeinschnitten (nach den Lektionen 10, 20, 30, 40, 50), eine *Anleitung zur systematischen Wiederholung* eingeschoben. Außerdem ermöglichen zusammenfassende Tabellen im Anhang, auf die an den entsprechenden Stellen verwiesen wird, einen raschen Überblick.

Das *Verweisen* geschieht durch einen Pfeil: ↗. In der Regel wird auf G-Sequenzen früherer Lektionen zurückverwiesen, wo immer die Heranziehung von bereits Gelerntem die Darstellung des neuen Stoffes fördert und das Lernen erleichtert (z. B. ↗2 G2.1 bedeutet: vgl. Lektion 2, G-Sequenz 2, Abschnitt 1).

Was *als wichtig zu merken* ist, wird durch die Druckstärke und -größe, durch Merkkästen und Schaubilder einprägsam vor Augen gestellt. Hinweiszeichen, ein wenig den Verkehrsschildern angeglichen, geben zusätzliche ,Lernsignale'.

INHALTSVERZEICHNIS

ANHANG

Die lateinische Sprache

Latein, über Jahrhunderte hinweg die Hauptsprache des römischen Weltreiches, war ursprünglich nur die Sprache der **Latiner**, eines kleinen Stammes in Mittelitalien. Die Heimat der Latiner hieß **Latium**; hier wurde **Rom** – am Tiberufer – gegründet. Aus der anfänglichen Siedlung entstand bald eine Stadt; den Bürgern dieser Stadt, den **Römern**, gelang es allmählich, die sie umgebenden Stämme und Völker unter ihrer Herrschaft zusammenzuschließen. Damit setzte sich auch die lateinische Sprache in **Italien** durch.

Nachdem die Römer ihr Weltreich *(imperium Romanum)* im Laufe von Jahrhunderten um das **Mittelmeer** errichtet hatten, bürgerte sich **Latein** als Amts- und Verkehrssprache auch in den außeritalischen Herrschaftsgebieten, den sogenannten **Provinzen**, ein. Das Lateinische wurde daher im Laufe der Zeit – besonders im westlichen Teil des Reiches – von immer mehr Menschen verstanden und gesprochen. So konnte sich neben der Volkssprache im Mutterland auch in den Provinzen eine Art römische Alltagssprache (das sogenannte *Vulgärlatein*) entwickeln. Auf dieser Grundlage bildeten sich später die **romanischen Sprachen** aus: in Italien das Italienische, in den Provinzen das Portugiesische, Spanische, Französische, Rätoromanische und Rumänische.

Das **Deutsche** und **Englische** gehören nicht zu den romanischen Sprachen; trotzdem finden sich im Deutschen und Englischen viele Wörter, die auf eine gemeinsame Verwandtschaft mit dem Lateinischen und dessen Tochtersprachen schließen lassen. Im Deutschen sind drei Gruppen solcher Wörter zu unterscheiden:

1. ERBWÖRTER: Sie sind als altes Erbgut seit jener Zeit in unserer Sprache vorhanden, als die Vorfahren der Römer und Germanen eine Völker- und Sprachgemeinschaft bildeten; sie weisen auf deren gemeinsame Ursprache, die indoeuropäische Sprache, hin, z. B.: *pater – Vater, nomen – Name, longus – lang, ager – Acker, sunt – sind.*

2. LEHNWÖRTER: Sie sind mit der Übernahme von Gegenständen und Einrichtungen des römischen Kulturbereiches aus dem Lateinischen in die deutsche Sprache ‚entlehnt' worden, in der sie das bisher Unbekannte bezeichnen. Sie verraten ihre fremde Herkunft nicht, da sie sich in Betonung und Lautgebung der deutschen Sprache angepaßt haben, z. B.: *Keller, Fenster, Wein, Straße, Münze, Tinte.*

3. FREMDWÖRTER: Sie sind in die deutsche Sprache (wie auch in sehr viele andere Sprachen) eingedrungen, als das Lateinische die Sprache der Kirche, Wissenschaft und Politik geworden war; sie haben weitgehend ihre ursprüngliche Form beibehalten, z. B.: *Konfession, Direktor, Student, Nation, sozial, multiplizieren.* Auch heute werden viele Begriffe, vor allem der Technik und Wissenschaft, mit Bestandteilen geprägt, die aus dem Lateinischen genommen sind, z. B.: *Rotor, radioaktiv, Informatik, Valenz, Effizienz.*

Latein war vom Mittelalter bis in die Neuzeit die **internationale Sprache der gelehrten Welt** und schuf so gewissermaßen eine geistige Einheit Europas.

Die **Grammatik**, d. i. die Lehre von der Sprache, wurde vor allem am Lateinischen entwickelt; deshalb stammen die Begriffe zur Bezeichnung grammatischer Erscheinungen fast ausnahmslos aus der lateinischen Sprache.

Wortarten

Wir unterscheiden folgende Wortarten:

1. NOMINA *(deklinierbare Wörter)*	**Substantiv**	*(Namen-/Hauptwort)*	(das/ein) Spiel
	Adjektiv	*(Eigenschaftswort)*	groß
	Pronomen	*(Fürwort)*	wir
	Numerale	*(Zahlwort)*	fünf
	Artikel[1]	*(Geschlechtswort)*	der, die, das
2. VERBEN *(konjugierbare Wörter)*	**Verbum**	*(Zeitwort)*	laufen
3. PARTIKELN *(unveränderliche Wörter)*	**Präposition**	*(Verhältniswort)*	vor
	Adverb	*(Umstandswort)*	oft
	Konjunktion	*(Satzverbindungswort: beiordnend)*	aber
	Subjunktion	*(Satzverbindungswort: unterordnend)*	weil
	Interjektion	*(Ausrufwort)*	ach!
	Negation	*(Verneinungswort)*	nicht

[1] Im Lateinischen gibt es keinen Artikel; also bedeutet *amicus*: der Freund, ein Freund, Freund; *Marcus*: der Marcus, Marcus.

Satzglieder

Die verschiedenen Wortarten werden innerhalb des Satzes dazu verwendet, eine Aussage zu formulieren. Sie erfüllen im „Bau des Satzes" eine **syntaktische**[1] **Funktion** (Aufgabe), indem sie jeweils eines der folgenden **fünf Satzglieder** darstellen:

1. **Subjekt** (Satzgegenstand)

2. **Prädikat** (Satzaussage)

3. **Objekt** (Satzergänzung)

4. **Adverbiale** (Umstandsbestimmung)

5. **Attribut** (Beifügung)

---

[1] Die Lehre vom Satz wird als *Syntax* bezeichnet.

Graphisches Satzmodell

Der lateinische Satz zeichnet sich durch eine ihm eigentümliche Klarheit und Durchsichtigkeit der Struktur aus. Er birgt streng voneinander zu unterscheidende **Positionen** in sich, so daß wir ihn in einem SATZMODELL erfassen können; an diesem wird zugleich das Wesen des Satzes, wie er sich in vielen anderen Sprachen darstellt, deutlich. Dies ist um so eher möglich, als das Lateinische nicht mehr gesprochen wird und sich die Merkmale seines Satzbaus nicht mehr verändern können.

S 1 ▶ Dieses Satzmodell ist im folgenden entwickelt. Alle sprachlichen Erscheinungen, die uns begegnen werden, lassen sich an einer der dort aufgezeichneten **fünf Positionen** in den Bau des Satzes, in das „Satzgerüst", einordnen, wo sie den **Gesamtsinn des Satzes mitbestimmen**. Diese Positionen sind freilich, je nach Betonung und Absicht des Sprechenden, **vertauschbar**. Unser Satzmodell ist also kein starres, unlebendiges Schema; es soll in seiner vorliegenden Form helfen, stets die Übersicht über das im Grammatikunterricht Gelernte zu behalten und später beim Übersetzen aus dem Lateinischen alle Einzelerscheinungen im Blick auf das Gesamtgefüge eines Satzes zu erfassen.

S 2 ▶ *Satzmodell:*

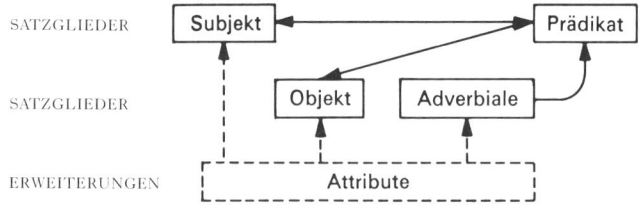

SATZGLIEDER — Subjekt ◀——▶ Prädikat
SATZGLIEDER — Objekt / Adverbiale
ERWEITERUNGEN — Attribute

SATZGLIEDER: SUBJEKT – PRÄDIKAT

Jeder Satz enthält eine Aussage über einen bestimmten Sachverhalt.
Nach den Baugesetzen der lateinischen wie der deutschen Sprache wirken hierzu als **„Grundpfeiler"** des Satzgerüstes **zwei Wörter** von verschiedener Art zusammen:

S 3 ▶ ein NOMEN (deklinierbares Wort) als Satzgegenstand: **Subjekt**.
Dieses deklinierbare Wort kann sein ein:

Substantiv: Namen-/Hauptwort	*Pronomen*: Fürwort
Adjektiv: Eigenschaftswort	*Numerale*: Zahlwort

S 4 ▶ ein VERBUM (Zeitwort/Tätigkeitswort) als Träger der Satzaussage: **Prädikat**.

S 5 ▶ **Subjekt** und **Prädikat** allein bilden oft einen **vollständigen Satz** mit einer sinnvollen Aussage. Der Satz besteht dann aus **zwei Satzgliedern**.

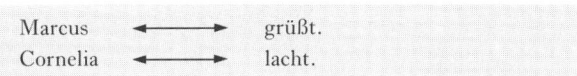

Marcus ◀——▶ grüßt.
Cornelia ◀——▶ lacht.

SATZGLIEDER: OBJEKT – ADVERBIALE

S6 ▶ Viele **Verben erfordern**, wenn sie als Prädikat im Satzgerüst verwendet werden, aufgrund ihrer Bedeutung **eine Ergänzung**; erst dann wird die Aussage des Satzes vollständig.

Solche **Ergänzungen** können sein

① das **Objekt** (ein Nomen als Ergänzung),

② das **Adverbiale** (z. B. ein Adverb oder ein Präpositionalausdruck als Umstandsbestimmung).

① Marcus begrüßt ⟶ Cornelia.

② Cornelia sitzt ⟵ im Theater.

S7 ▶ Oft erscheinen die Satzglieder Objekt und Adverbiale gemeinsam im Satz.

Marcus begrüßt ⟶ Cornelia im Theater.

ERWEITERUNGEN DURCH SATZGLIEDTEILE: ATTRIBUTE

S8 ▶ Zu den Satzgliedern können **zusätzliche nominale Erweiterungen** treten, die zwar das, was der Sprechende im jeweiligen Satz ausdrücken will, entscheidend mitbestimmen, aber nicht als Träger des Satzgerüstes auftreten. Sie sind den Satzgliedern nur beigefügt: **Attribute**.

Der *lustige* Marcus begrüßt *seine Freundin* Cornelia im Theater *Vespasians*.

Satzmodell:

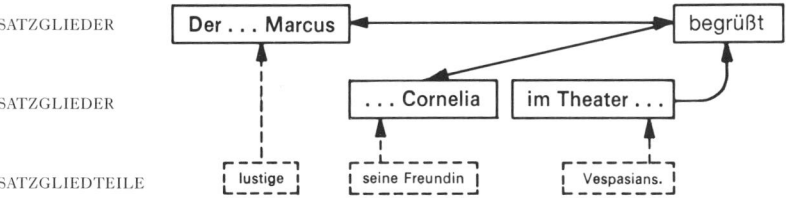

SATZGLIEDER — Der ... Marcus ⟵ begrüßt

SATZGLIEDER — ... Cornelia | im Theater ...

SATZGLIEDTEILE — lustige | seine Freundin | Vespasians.

1

G 1: Der einfache Satz: Subjekt – Prädikat

G 2: Verbum: Dritte Person Singular

G 1 ▶ Der einfache Satz: Subjekt – Prädikat

① Mārcus hīc est.   Marcus ist hier.
② Subitō vocat.   Plötzlich ruft er:
③ „Ibī Cornēlia stat!"   „Dort steht Cornelia!"
④ Cornēlia rīdet.   Cornelia lacht.

Ein Satz (Aussage-, Frage-, Ausrufesatz) besteht in seiner einfachsten Form aus **Subjekt** (Satzgegenstand) und **Prädikat** (Satzaussage): ↗S 5.

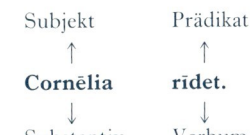

SATZGLIEDER: Subjekt   Prädikat

↑   ↑

Cornēlia   **rīdet.**

↓   ↓

WORTARTEN: Substantiv   Verbum

1.1 Das **Subjekt** (↗S 3) des Satzes findet man mit der Frage:

WER oder WAS handelt (‚tut‘) oder ist?

1.2 Das **Prädikat** (↗S 4) des Satzes findet man mit der Frage:

WAS WIRD AUSGESAGT?

 Im Lateinischen findet man das Prädikat – anders als im Deutschen – meist am Satzende.

G 2 ▶ Verbum: Dritte Person Singular

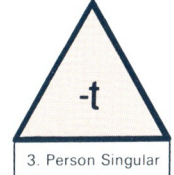

2.1 Die **Endung** (das Person-Zeichen) der **dritten Person Singular** (Einzahl) lautet **-t**:

es-t ①, voca-t ②, sta-t ③, rīde-t ④

2.2 Als **Subjekt** kann ein **Namen-/Hauptwort** stehen, z. B.

Mārcus vocat.   Cornēlia rīdet.

Satzmodell (↗S2, S5):

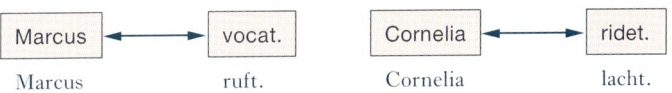

Marcus   ruft.   Cornelia   lacht.

Das Subjekt kann im Deutschen auch durch ein **Für-Wort** ausgedrückt sein, das die Person angibt, z. B. **er/sie/es** (wartet, lacht).

1

In einem solchen Falle drückt das Lateinische das Subjekt zumeist nicht mit einem eigenen Wort aus. Die Stelle des Subjekts bleibt leer; es wird **allein** an der **Endung -t** des Prädikats erkennbar, z. B.

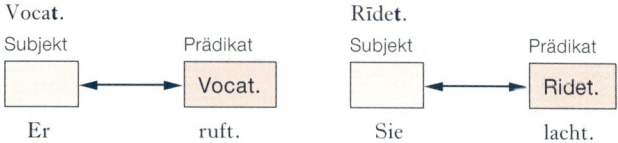

Vocat.		Rīdet.	
Subjekt	Prädikat	Subjekt	Prädikat
	Vocat.		Ridet.
Er	ruft.	Sie	lacht.

2 **G 1:** Dritte Person Plural (ā-/ē-Konjugation)

G 2: Erweiterter Satz: Adverbiale

G 1 ▶ 3. Person Plural (ā-/ē-Konjugation)

Mārcus et Cornēlia hīc su**nt**;	Marcus und Cornelia sind hier;
voca**nt**:	sie rufen:
„Ibī Tullia et Aemilia sede**nt**!"	„Dort sitzen Tullia und Aemilia!"

1.1 Der Satz enthält **zwei Subjekte**.
Diese stellen einen **Plural** (Mehrzahl) dar; daher müssen hier auch die Prädikate im Plural stehen.

Die **Endung** (das Person-Zeichen) **-nt** bezeichnet die **dritte Person Plural**:
su-**nt**, voca-**nt**, sede-**nt**.

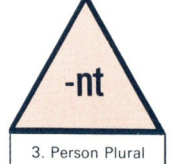

Wenn wir das Verbum in die verschiedenen Personen des Singulars und Plurals setzen, **konjugieren** (beugen) wir es. Die Veränderung des Verbums nach **Person** und **Numerus** (Zahl) nennt man **Konjugation** (Beugung).

In das **Konjugationsschema**, das uns als ordnende Übersicht dient, können wir bereits die 3. Person Singular und die 3. Person Plural eintragen:

		Lateinisch			Deutsch		
Singular	1. Person						
	2. Person						
	3. Person	voca**t**	sede**t**	es**t**	**er/sie/es** ruft	sitzt	ist
Plural	1. Person						
	2. Person						
	3. Person	voca**nt**	sede**nt**	su**nt**	**sie** rufen	sitzen	sind

14

2 **1.2** **Bestandteile des Verbums**

Die Verbformen des **Präsens** (Gegenwart) haben folgende Bestandteile:

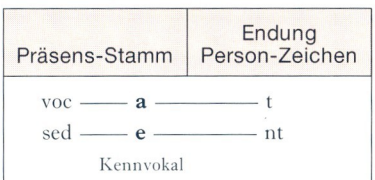

Präsens-Stamm	Endung Person-Zeichen
voc ——— **a** ——— t	
sed ——— **e** ——— nt	
Kennvokal	

Verben mit dem **Kennvokal ā-** gehören zur **ā-Konjugation,**
Verben mit dem **Kennvokal ē-** gehören zur **ē-Konjugation.**

G 2 ▶ **Erweiterter Satz: Adverbiale**

① Tullia et Aemilia **ibī** appropinquant.   Tullia und Aemilia nähern sich dort.
② **Hodiē** Mārcus gaudet.   Heute freut sich Marcus.

Der einfache Satz kann durch ein **Adverbiale** (eine Umstandsangabe) erweitert
werden. Dieses bestimmt als Ergänzung das Prädikat genauer (↗S 6; S 7).
Adverbiale kann ein **Adverb** (Umstandswort) sein, z. B. *ibī, hodiē.*

Satzmodell (↗S 2):

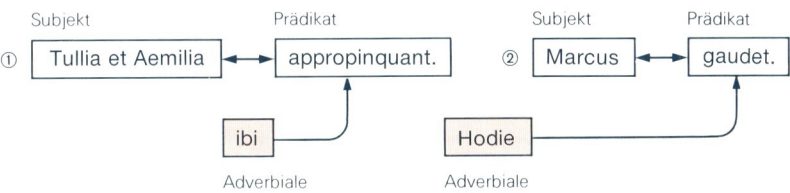

2.1 | Das **Adverbiale** (↗S 6) des Satzes findet man mit den Fragen:
WO? WANN? WIE? WARUM? |

2.2 Da die Wortstellung im Lateinischen frei ist, kann das Adverbiale an verschiedenen
Stellen im Satz stehen, vgl. ①, ②.

3

G1: Nominativ Singular und Plural der ā-/o-Deklination

G2: Verbindung gleichwertiger Satzglieder

G1 ▶ Nominativ Singular und Plural der ā-/o-Deklination

① Tub**a** sonat.	Die Trompete ertönt.
② Popul**us** gaudet et clāmat.	Das Publikum freut sich und schreit.
③ Amīc**ī** et amīc**ae** rīdent.	Freunde und Freundinnen lachen.

1.1 Die **Ausgänge** des **Nominativs** sind:

	ā-Deklination	o-Deklination
	Femininum (weibliches Geschlecht)	Maskulinum (männliches Geschlecht)
Singular	-a	-us
Plural	-ae	-ī

Nominativ

also: tub**a** – tub**ae**   popul**us** – popul**ī**
amīc**a** – amīc**ae**   amīc**us** – amīc**ī**

- Substantive auf **-a** gehören zur **ā-Deklination**.
- Substantive auf **-us** (urspr. *-os*) gehören zur **o-Deklination**.

  Zur Entstehung der Ausgänge des Plurals: *-ae aus *-a-i, -i aus *-o-i.

1.2 Wenn wir das Substantiv (Namen-/Hauptwort) in die verschiedenen **Kasus** (Fälle) des Singulars und Plurals setzen, **deklinieren** (beugen) wir es.
Die Veränderung des Substantivs nach **Kasus** (Fall) und **Numerus** (Zahl) nennt man **Deklination** (Beugung).
Substantive sind auch durch das **Genus** (Geschlecht) gekennzeichnet.
Wir unterscheiden demnach beim Substantiv **drei Bestimmungsstücke:**

KASUS	NUMERUS	GENUS

1.3 Im Lateinischen gibt es **6 Kasus** (Fälle), die wir in den folgenden Lektionen nacheinander kennenlernen werden.
In das **Deklinationsschema**, das uns als ordnende Übersicht dient, können wir bereits den Nominativ Singular und den Nominativ Plural eintragen:

	Femininum		Maskulinum	
	Singular	Plural	Singular	Plural
Nominativ	amīc**a**	amīc**ae**	amīc**us**	amīc**ī**
Genitiv				
Dativ				
Akkusativ				
Ablativ				
Vokativ				

Der **Nominativ** kennzeichnet das **Subjekt**.

3 G2 ▶ **Verbindung gleichwertiger Satzglieder**

① Syrus **et** Barbātus   Syrus **und** Barbatus
intrant, stant, salūtant.   kommen herein, stehen da **und** grüßen.

② Mārcus gaudet **et** vocat: Marcus freut sich *und* ruft:
„Mē lūdī **et** gladiī **et** tubae   „Mich erfreuen
dēlectant.   Spiele, Schwerter *und* Trompeten."

2.1 Zur Verbindung gleichwertiger Satzglieder dient die **Konjunktion** (das Bindewort) **et**
(① *Syrus* **et** *Barbātus;* ② *gaudet* **et** *vocat*).

 Bei drei mit *et* verbundenen Satzgliedern wird im Deutschen nur das
letzte mit „und" angefügt (② *lūdī* **et** *gladiī* **et** *tubae*).

2.2 Drei gleichwertige Satzglieder können auch **unverbunden** nebeneinander stehen,
z. B. die Prädikate ① *intrant, stant, salūtant.*

 Eine ‚unverbundene' Reihung[1] der Satzglieder ist im Deutschen nur
selten möglich (z. B. „Alles rennet, rettet, flüchtet.").

---

[1] Fachausdruck: Asyndeton (von griech. *a-sýn-deton*: un-zusammen-gebunden)

4 G1: Akkusativ der ā-/o-Deklination
G2: Akkusativobjekt

G1 ▶ **Akkusativ der ā-/o-Deklination**

Der einfache Satz kann durch **Objekte** (Ergänzungen) erweitert werden (↗S 6).
Das Objekt im Akkusativ (4. Fall) ist das Ziel, auf das die Handlung des Subjekts
direkt gerichtet ist, z. B.: *Marcus betrachtet das Spiel.*

① Cornēlia ⎡ amīc**am** ⎤ salūtat.   Cornelia grüßt ⎡ die Freundin.
⎣ amīc**ās** ⎦   ⎣ die Freundinnen.

② Mārcus ⎡ lūd**um** ⎤ spectat.   Marcus betrachtet ⎡ das Spiel.
⎣ lūd**ōs** ⎦   ⎣ die Spiele.

1.1 **Bildung des Akkusativs**

Die **Ausgänge des Akkusativs** sind:

	ā-Deklination	o-Deklination
	Femininum	Maskulinum
Singular	-am	-um
Plural	-ās	-ōs

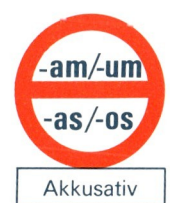

Akkusativ Singular *-um* < *-om* (Kennvokal *-o-* + Endung *-m*).
Im Akkusativ Plural des Maskulinum wird der Kennvokal *-o-* vor der Endung sichtbar.

17

4

Wir fügen diesen neuen Kasus in das bereits bekannte **Deklinationsschema** ein:

	Femininum		Maskulinum	
	Singular	Plural	Singular	Plural
Nominativ	amīca	amīcae	amīcus	amīcī
Genitiv				
Dativ				
Akkusativ	amī**cam**	amī**cās**	amī**cum**	amī**cōs**
Ablativ				
Vokativ				

1.2 Bestandteile des Nomens

Wortstamm	Endung	Deklinationsklasse
amīc —— a —— m		**ā-Deklination**
lūd —— ō —— s		**o-Deklination**
	Kennvokal	
Wortstock	Ausgang	

- Der **Wortstock** ist der unveränderliche Bestandteil des Nomens, z. B. *amīc-, lūd-*.
- Der **Wortstamm** ist der Wortstock zusammen mit dem **Kennvokal**, der die Zugehörigkeit zu einer bestimmten Deklination angibt, z. B. *amīca₋; lūdo-*.
- Die **Endung** zeigt den entsprechenden Kasus an, z. B. **-m**: Akkusativ Singular, **-s**: Akkusativ Plural.
- Der **Ausgang** umfaßt Kennvokal und Endung, z. B. **-am, -ōs**.

Die Unterscheidung von Wortstamm und Wortstock einerseits und von Endung und Ausgang andererseits ist nur für die Nomina von Bedeutung, deren Wortstamm auf einen Vokal auslautet, z. B. der ā/o-Deklination.

G2 ▶ Akkusativobjekt

2.1 Das **direkte Objekt** (*amīcam, amīcās* ①; *lūdum, lūdōs* ②) heißt **Akkusativobjekt**.

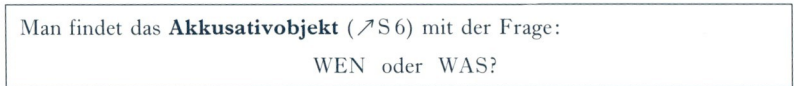

Man findet das **Akkusativobjekt** (↗S 6) mit der Frage:

WEN oder WAS?

Satzmodell:

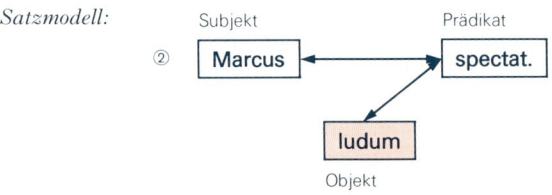

2.2 Bestimmte Verben (z. B. *begrüßen, erwarten, verwunden*) erfordern als Ergänzung ein Akkusativobjekt (↗S 6). Diese Gruppe von Verben nennt man **transitive Verben**.

5

G 1: Neutrum (Nominativ und Akkusativ) der o-Deklination

G 2: Beiordnende und unterordnende Satzverbindungen

G 1 ▶ Neutrum (Nominativ und Akkusativ) der o-Deklination

1.1

forum	das Forum, der/den Marktplatz	fora	die Foren, Marktplätze
templum	der/den Tempel	templa	die Tempel

Die Neutra der o-Deklination haben im Nominativ
und im Akkusativ den **gleichen Ausgang**.

Der Ausgang lautet ⎰ im Singular **-um**,
⎱ im Plural   **-a**.

Diese Neutra gehören zur o-Deklination (↗3 G1.1).

Neutrum

In das **Deklinationsschema** können wir bereits Nominativ und Akkusativ eintragen:

	Neutrum	
	Singular	Plural
Nominativ	templ**um**	templ**a**
Genitiv		
Dativ		
Akkusativ	templ**um**	templ**a**
Ablativ		
Vokativ		

 Das Genus (Geschlecht) der Neutra ist ‚sächlich‘; die deutsche
Entsprechung hat oft ein anderes Genus, z. B. templ**um**: **der** Tempel.

1.2

① Forum Cornēliam dēlectat.	Das Forum erfreut Cornelia.
② Cornēlia forum spectat.	Cornelia betrachtet das Forum.

Nominativ und Akkusativ des Neutrums unterscheiden sich in der **Form** nicht. Ob
jeweils Nominativ oder Akkusativ vorliegt, läßt sich nur an ihrer **syntaktischen
Funktion** im Satz feststellen. Was ist jeweils Subjekt? Was ist Objekt?

Satzmodell:

5 G 2 ▶ **Beiordnende und unterordnende Satzverbindungen**

> Sätze können als Hauptsätze unabhängig nebeneinander stehen; sie sind dann ,beigeordnet' und oft durch ein
> **beiordnendes Verbindungswort** (eine *Konjunktion*) miteinander verbunden.
>
> Sätze können voneinander abhängig sein; der eine Satz ist dann als Hauptsatz ,übergeordnet', der andere ,untergeordnet'. Der untergeordnete Satz ist mit dem übergeordneten durch ein
> **unterordnendes Verbindungswort** (eine *Subjunktion*) verbunden.

① Mārcus forum amat;   Marcus liebt das Forum;
   nam ibī monumenta sunt.   **denn** dort gibt es Denkmäler.
② Mārcus gaudet,   Marcus freut sich,
   cum monumenta videt.   **wenn** er Denkmäler sieht.

Beiordnende Verbindungswörter *(Konjunktionen)* sind z. B.

et	und	**nam**	denn
sed/autem	aber	**itaque**	deshalb

Ein *unterordnendes* Verbindungswort *(Subjunktion)* ist z. B.
cum   wenn

6 **G 1:** Adjektiv als Attribut
     G 2: Adjektiv (oder Substantiv) als Prädikatsnomen

G 1 ▶ Adjektiv als Attribut

> Das **Adjektiv** (Eigenschaftswort) wird dekliniert:
> der gute Freund   die guten Freunde
> des guten Freundes   der guten Freunde

1.1 Das Adjektiv stimmt mit dem Substantiv, zu dem es gehört, überein *(Kongruenz)*, und zwar in **Kasus**, **Numerus** und **Genus**,[1] also:

KASUS
NUMERUS
GENUS

KöNiGs-Regel

    ein guter Freund   gute Freunde
    eine gute Freundin   gute Freundinnen
    ein gutes Geschenk   gute Geschenke
    amīc**us** bon**us**   amīc**ī** bon**ī**
    amīc**a** bon**a**   amīc**ae** bon**ae**
    dōn**um** bon**um**   dōn**a** bon**a**

---
[1] Plural: Kasus, Numeri, Genera

6

1.2 Das **Adjektiv** hat für jedes der drei Genera (Geschlechter) eine eigene Form; man nennt es **dreiendiges Adjektiv**:

Maskulinum	bon-us	(o-Deklination)
Femininum	bon-a	(ā-Deklination)
Neutrum	bon-um	(o-Deklination)

1.3

Wortart:	Substantiv	Adjektiv	Adjektiv	Substantiv	Verbum
Beispielsatz:	AMICUS	STULTUS	MULTA	DONA	EXSPECTAT.
Syntaktische Funktion:	Subjekt	Attribut zum Subjekt	Attribut zum Akkusativ-objekt	Akkusativ-objekt	Prädikat

Das Adjektiv kann einem Satzglied als nominale Erweiterung beigefügt sein; es erfüllt dann die **syntaktische Funktion** (Aufgabe) **eines Attributs** (↗S 8).

> Das **Attribut** findet man mittels der Frage:
> WAS FÜR EIN / EINE?

① Amīcus **bonus** salūtat. Der **gute** Freund grüßt.
② Cornēlia amīcum **bonum** amat. Cornelia liebt den **guten** Freund.

Satzmodelle:

1.4 Das Adjektiv steht in der Regel **nach** dem Substantiv, dem es beigefügt ist. Adjektive, die eine Zahl, Größe oder Menge bezeichnen, stehen in der Regel **vor** dem Substantiv; z. B.

Cornēlia amīcum bonum amat. Mārcus māgnās dīvitiās nōn possidet.

1.5 Adjektive können auch allein, ohne einem Substantiv ‚beigefügt' zu sein, im Satz verwendet werden; sie sind dann **substantiviert**, z. B.

bonum	Gutes, das Gute	**bona**	die Güter	**bonī**	die Guten
multum	vieles, viel	**multa**	vieles, viel	**multī**	viele

6 **G 2 ▶** **Adjektiv (oder Substantiv) als Prädikatsnomen**

Das Hilfszeitwort ‚sein' benötigt in einem Satz als Ergänzung ein Prädikatsnomen (zumeist Adjektiv oder Substantiv). Man nennt das Hilfszeitwort in dieser Verwendung **Copula**.

PRÄDIKATS-NOMEN

2.1 Wir unterscheiden beim Adjektiv zwischen der Verwendung als Attribut und der als Prädikatsnomen, z. B.

①	Amīcus fīdus intrat.	Der treue Freund tritt ein.
②	Amīcus fīdus est.	Der Freund ist treu.
③	Mārcus amīcus fīdus est.	Marcus ist ein treuer Freund.

Satzmodelle:

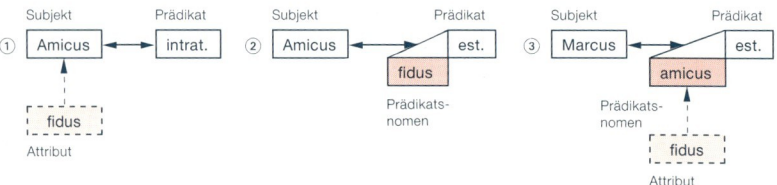

2.2 Die Aufgabe des Prädikatsnomens kann in einem Satz sowohl ein Adjektiv wie auch ein Substantiv übernehmen, z. B.

Aemilia bona est.	Aemilia puella est.
Mārcus fīdus est.	Mārcus Croesus nōn est.

● Das Prädikat besteht in solchen Fällen aus dem Prädikatsnomen und der Copula (hier: EST).

● Das adjektivische Prädikatsnomen stimmt mit dem Subjekt in Kasus, Numerus und Genus überein (KNG-Kongruenz ↗ G 1.1).

7 **G 1:** Indikativ: Präsens Aktiv – Vollständiges Konjugationsschema
G 2: Vokativ

G 1 ▶ **Indikativ Präsens Aktiv**

Handlungen und Geschehnisse, die im Prädikat ausgedrückt sind, können auf verschiedenen **Zeitstufen** liegen; man unterscheidet Vergangenheit, Gegenwart, Zukunft.
Die Zeitstufe der Gegenwart wird durch das **Präsens** ausgedrückt.

7 **1.1** An den **konjugierten** (gebeugten) Formen des Verbums werden Bestandteile erkennbar, die die **Personen** kennzeichnen. Diese **Person-Zeichen**, die im **Indikativ** (in der Wirklichkeitsform) an den Präsens-Stamm treten, lauten:

	Singular	Plural
1. Pers.	-ō	-mus
2. Pers.	-s	-tis
3. Pers.	-t	-nt

1.2 Das **Konjugationsschema** für den **Indikativ Präsens** können wir nun vervollständigen (↗2 G1.1).

		Lateinisch			Deutsch			
Singular	1. Pers.	vócō	sédĕō	sum	**ich**	rufe	sitze	bin
	2. Pers.	vócās	sédēs	es	**du**	rufst	sitzt	bist
	3. Pers.	vócat	sédet	est	**er/sie/es** ruft		sitzt	ist
Plural	1. Pers.	vocámus	sedémus	sumus	**wir**	rufen	sitzen	sind
	2. Pers.	vocátis	sedétis	estis	**ihr**	ruft	sitzt	seid
	3. Pers.	vócant	sédent	sunt	**sie**	rufen	sitzen	sind

vocō < vocā-ō (↗L19: ao > ō: Kontraktion)
sum, es (< *es-s*) stellen Ausnahmen dar.

G 2 ▶ Vokativ

① Cūr hīc sedēs, Cornēlia?	Warum sitzt du hier, Cornelia?
② Amīcōs exspectō, Mārce.	Ich warte auf die Freunde, Marcus.
③ Cūr nōn intrāmus, amīcī et amīcae?	Warum gehen wir nicht hinein, Freunde und Freundinnen?

Die Anredeform ist der **Vokativ**[1].
Er steht als Satzglied außerhalb des Satzrahmens.
In der Regel gleicht der Vokativ dem Nominativ.
Nur im Singular der **Maskulina der o-Deklination**
hat der Vokativ einen **eigenen Ausgang: -e.**
Der Vokativ wird – wie im Deutschen – durch ein
Komma vom restlichen Satz abgetrennt.

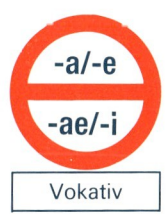

Vokativ

---

[1] < *vocāre*: rufen, anreden

7 Wir fügen diesen neuen Kasus in das bereits bekannte **Deklinationsschema** ein (↗3 G1.3):

	Femininum		Maskulinum	
	Singular	Plural	Singular	Plural
Nominativ	amīc**a**	amīc**ae**	amīc**us**	amīc**ī**
Genitiv				
Dativ				
Akkusativ	amīc**am**	amīc**ās**	amīc**um**	amīc**ōs**
Ablativ				
Vokativ	amīc**a**	amīc**ae**	amīc**e**	amīc**ī**

8
G 1: Genitiv – Genitivattribut
G 2: Infinitiv: Bildung – Infinitiv als Subjekt oder Objekt

G 1 ▶ Genitiv – Genitivattribut

① Patria Mārc**ī** et Cornēli**ae**   Die Heimat des Marcus und der Cornelia
   Graecōs dēlectat.   erfreut die Griechen.
② Graecī templa   Die Griechen besichtigen
   de**ōrum** et de**ārum** spectant.   die Tempel der Götter und Göttinnen.
③ Aedificia for**ī** clāra sunt.   Die Gebäude des Forums sind berühmt.

1.1 Die **Ausgänge des Genitivs** sind:

	ā-Deklination	o-Deklination
	Femininum	Maskulinum/Neutrum
Singular	-ae	-ī
Plural	-ārum	-ōrum

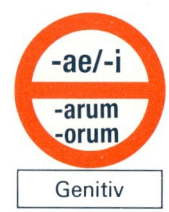

-ae/-i
-arum
-orum

Genitiv

Die **Genitivausgänge** gleichen zum Teil den Ausgängen anderer Kasus:
● Der **Ausgang des Genitiv Singular** gleicht bei den Nomina auf -us
  und -a dem Ausgang ihres **Nominativ Plural**.
● Der **Ausgang des Genitiv Plural** ist dagegen eindeutig.

Man findet den **Genitiv** mit der Frage:

WESSEN?

8

Wir fügen diesen neuen Kasus in das **Deklinationsschema** ein:

	Femininum Singular	Femininum Plural	Maskulinum Singular	Maskulinum Plural	Neutrum Singular	Neutrum Plural
Nom.	amīc**a**	amīc**ae**	amīc**us**	amīc**ī**	templ**um**	templ**a**
Gen.	amīc**ae**	amīc**ārum**	amīc**ī**	amīc**ōrum**	templ**ī**	templ**ōrum**
Dat.						
Akk.	amīc**am**	amīc**ās**	amīc**um**	amīc**ōs**	templ**um**	templ**a**
Abl.						
Vok.	amīc**a**	amīc**ae**	amīc**e**	amīc**ī**	(ungebräuchlich)	

1.2

① Templa clāra ⎤
② Templa forī ⎦ Graecōs dēlectant.

Die berühmten Tempel ⎤ erfreuen
Die Tempel des Forums ⎦ die Griechen.

Wie das Adjektiv (clāra ①) kann auch der Genitiv eines Substantivs im Satz die **syntaktische Funktion** (Aufgabe) des **Attributs** erfüllen (forī ②); es heißt in diesem Falle **Genitivattribut** (↗S8).

Satzmodelle:

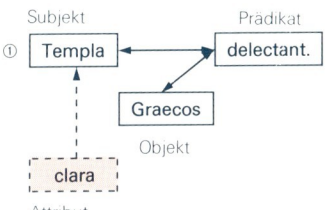

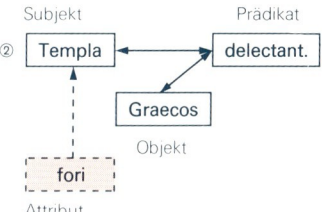

G 2 ▶ Infinitiv: Bildung -- Infinitiv als Subjekt oder Objekt

2.1 Der **Infinitiv** *(Nennform)* wird bei der ā- und ē-Konjugation durch Anfügen der Endung **-re** an den Präsens-Stamm (↗2 G1.2) gebildet.

vocā-**re** rufen	vidē-**re** sehen
mōnstrā-**re** zeigen	gaudē-**re** sich freuen
exspectā-**re** warten	sedē-**re** sitzen

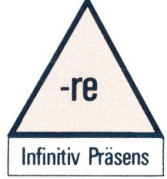

Der Infinitiv kann an die Stelle **nominaler Satzglieder** (Subjekt oder Objekt) treten.

8 2.2 **Infinitiv als Subjekt**

> Nārrāre Mārcum iuvat. **(Zu) erzählen** macht Marcus Freude.
> **Das Erzählen** macht Marcus Freude.

Der Infinitiv kann im Satz die **Funktion** (Aufgabe) des **Subjekts** (↗S 3)
(Frage: „*Was macht Freude?*") übernehmen.
Wir nennen ihn in dieser Verwendung **Subjektsinfinitiv**.

Satzmodell:

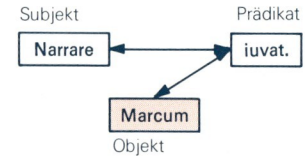

2.3 **Infinitiv als Objekt**

> Mārcus nārrāre solet. Marcus pflegt zu erzählen.
> *(Marcus pflegt „das Erzählen".)*

Der **Infinitiv** kann im Satz die **syntaktische Funktion** (Aufgabe) des **Objekts** (↗S 6)
(Frage „*Was pflegt Marcus?*") übernehmen.
Wir nennen ihn in dieser Verwendung **Objektsinfinitiv**.

Satzmodell:

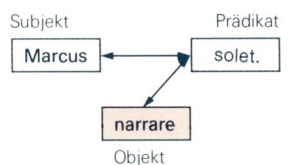

9 **G 1:** Dativ
G 2: Dativobjekt

G 1 ▶ Dativ

> ① Populus Das Volk gehorcht
>   de**ō** et de**ae** pāret. dem Gott und der Göttin.
> ② Mārcus amī**cīs** Marcus zeigt den Freunden/Freundinnen
>   Capitōlium mōnstrat. das Capitol.

1.1 Die **Ausgänge des Dativs** sind:

	ā-Deklination	o-Deklination	
	Femininum	Maskulinum/Neutrum	
Singular	-ae	-ō	
Plural	-īs	-īs	

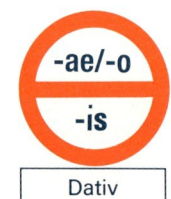

Der Dativ Plural hat in der ā- und o-Deklination den gleichen Ausgang:
amīcīs ② kann Dativ Plural zu *amīca* und zu *amīcus* sein.

1.2 Wir fügen den neuen Kasus in das **Deklinationsschema** ein:

	Femininum Singular	Plural	Maskulinum Singular	Plural	Neutrum Singular	Plural
Nom.	amīca	amīcae	amīcus	amīcī	templum	templa
Gen.	amīcae	amīcārum	amīcī	amīcōrum	templī	templōrum
Dat.	amīcae	amīcīs	amīcō	amīcīs	templō	templīs
Akk.	amīcam	amīcās	amīcum	amīcōs	templum	templa
Abl.						
Vok.	amīca	amīcae	amīce	amīcī	(ungebräuchlich)	

G2 ▶ Dativobjekt

2.1 Auch ein Dativ kann im Satz die **syntaktische Funktion** (Aufgabe) des **Objekts** (↗S 6) erfüllen; es heißt in diesem Falle **Dativobjekt**.

> Man findet das **Dativ**objekt mit der Frage:
>
> WEM?

2.2 Verben, die ein Akkusativobjekt nach sich haben, nennt man **transitiv** (↗4 G2.2). Verben, die kein Akkusativobjekt nach sich haben, nennt man **intransitiv**.
Bestimmte Verben (z. B. *pārēre* ①) verlangen nur ein Dativobjekt, sie sind also intransitiv.
Manche transitiven Verben haben zusätzlich zum Akkusativobjekt noch ein Dativobjekt nach sich (z. B. *mōnstrāre* ②).

Satzmodell:

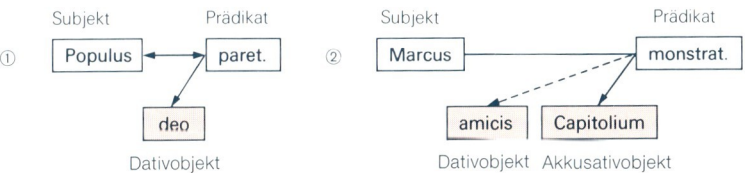

G 1 ▶ Ablativ – Vollständiges Deklinationsschema

① Graecī   Die Griechen stehen
  cum Cornēliā **in** forō stant.   mit Cornelia auf dem Forum.
② Cornēlia   Cornelia erzählt
  dē deīs et **dē** templīs   von den Göttern (Göttinnen)
  nārrat.   und den Tempeln.

Die lateinische Sprache kennt auch einen **6. Fall**, den **Ablativ**.

1.1 Die **Ausgänge** des **Ablativs** lauten:

	ā-Deklination	o-Deklination
	Femininum	Maskulinum/Neutrum
Singular	-ā	-ō
Plural	-īs	-īs

-a/-o
-is

Ablativ

Die Ausgänge des Ablativs gleichen häufig denen des Dativs:
In der *ā-Deklination* stimmen Dativ und Ablativ nur im *Plural* überein,
in der *o-Deklination* stimmen Dativ und Ablativ sowohl im *Singular* als
auch im *Plural* überein.

1.2 Den neuen Kasus tragen wir in das **Deklinationsschema** ein, das nun vollständig geworden ist:

	Femininum		Maskulinum		Neutrum	
	Singular	Plural	Singular	Plural	Singular	Plural
Nom.	amīc**a**	amīc**ae**	amīc**us**	amīc**ī**	templ**um**	templa
Gen.	amīc**ae**	amīc**ārum**	amīc**ī**	amīc**ōrum**	templī	templ**ōrum**
Dat.	amīc**ae**	amīc**īs**	amīc**ō**	amīc**īs**	templ**ō**	templīs
Akk.	amīc**am**	amīc**ās**	amīc**um**	amīc**ōs**	templ**um**	templa
Abl.	*cum* amīc**ā**	*cum* amīc**īs**	*cum* amīc**ō**	*cum* amīc**īs**	*dē* templ**ō**	*dē* templīs
Vok.	amīc**a**	amīc**ae**	amīc**e**	amīc**ī**	(ungebräuchlich)	

Vollständiges Deklinationsschema für die ā-Deklination und o-Deklination

Zum Deklinationsschema der Adjektive der ā-/o-Deklination (↗6 G1) vgl. Tab. I2.

0 G 2 ▶ **Ablativ im Präpositionalausdruck**

2.1 Der Ablativ tritt häufig in Verbindung mit einer Präposition (einem Verhältniswort) auf. Eine solche Verbindung nennt man **Präpositionalausdruck**.

in viā	auf dem Weg
cum amīcīs	mit den Freunden
ex aedificiō	aus dem Gebäude
dē deīs	über die Götter

2.2 **Präpositionalausdruck als Objekt oder Adverbiale**

① Cornēlia   Cornelia
    dē deīs narrat.   erzählt von den Göttern.

② Amīcī   Die Freunde stehen
    in forō (ibī) stant.   auf dem Forum (dort).

Der Präpositionalausdruck **de dīs** erfüllt in ① die **syntaktische Funktion des Objekts** (*„von den Göttern erzählen"* ~ *„die Götter beschreiben"*). Man bezeichnet ihn dann als **Präpositionalobjekt**.

Der Präpositionalausdruck **in foro** erfüllt in ② die **syntaktische Funktion des Adverbiales** (*„auf dem Forum"* ~ *„dort"*).

Satzmodelle:

ZUR SYSTEMATISCHEN WIEDERHOLUNG DER LEKTIONEN 1–10

Nun hast Du die ersten 10 Lektionen durchgearbeitet. Die folgende Zusammenfassung läßt Dich einen Überblick über alle Erscheinungen gewinnen, die Dir jetzt vertraut sein sollten.

1. Zur Formenlehre

Du kannst nun folgende Formen des Nomens und Verbums bilden und im Text wiedererkennen:

1.1 Nomen

Substantive der ā- und o-Deklination

1.2 Verbum

Präsens:

1.3 Partikel

2. Zur Syntax

Du kannst auch folgende Gesetzmäßigkeiten erkennen, welche die Aufgaben der Kasus- und Verbformen im Gefüge des Satzes regeln:

2.1 Kasuslehre

2.2 Satzlehre

2.3 Nominalformen des Verbums

11

G 1: Ablativ: Die wichtigsten Sinnrichtungen

G 2: Satzreihe – Satzgefüge

G 1 ▶ Ablativ: Die wichtigsten Sinnrichtungen

① Rōmānī deōs   Die Römer besänftigen die Götter
    sacrificiīs plācant.   **mit Opfern.**

② Rōmānī deōs   Die Römer verehren die Götter
    māgnā dīligentiā cūrant.   **mit großer Gewissenhaftigkeit.**

③ Fortasse deī **iocīs** gaudent.   Vielleicht freuen sich Götter
                         wegen der Späße / über die Späße.

④ Vērī deī **īrā** vacant.   Wahre Götter sind frei **von Zorn.**

1.1   Der **Ablativ** wird im Satz häufig auch **ohne Präposition** verwendet.

   Besonders in Verbindung mit bestimmten Verben drückt der bloße Ablativ Verhältnisse aus, die im Deutschen durch Präpositionen wie z. B. *durch, mit, über, von* angegeben werden.

1.2   Der Ablativ drückt hauptsächlich folgende **Sinnrichtungen** aus:

Sinnrichtungen	Latein	Deutsch
Mittel	① sacrificiīs plācāre	**mit** Opfern / **durch** Opfer besänftigen
Art und Weise	② māgnā dīligentiā cūrāre	sich **mit** großer Gewissenhaftigkeit kümmern
Grund	③ iocīs gaudēre	sich **wegen** der Späße / **über** Späße freuen
Trennung	④ īrā vacāre	**von** Zorn frei sein

> Man findet die Sinnrichtungen des Ablativs mit den Fragen:
> WOMIT? ① ②   WODURCH? ①   WESWEGEN? ③   WOVON? ④

G 2 ▶ Satzreihe – Satzgefüge

① Rōmānī timidī nōn sunt;   Die Römer sind nicht ängstlich;
    nam deōs nōn timent,   **denn** sie fürchten die Götter nicht,
    sed amant.   **sondern** lieben sie.

② Mārcus Graecōs vituperat,   Marcus tadelt die Griechen,
    quod deōs irrīdent.   **weil** sie die Götter verspotten.

③ Cūr Rōmānī nōn rīdent,   Warum lachen die Römer nicht,
    cum deōs cūrant?   **wenn** sie die Götter verehren?

11

● Die mit den **Konjunktionen** NAM, SED eingeleiteten Sätze sind dem Hauptsatz beigeordnet (↗5 G2) ①. Die so verbundenen Hauptsätze bilden eine **Satzreihe.**

● Die mit den **Subjunktionen** QUOD, CUM eingeleiteten Sätze sind dem Hauptsatz untergeordnet (↗5 G2) ② ③.

Diese untergeordneten Sätze enthalten eine **adverbiale Angabe** *(Grund, Zeit)*. Im Satz erfüllen sie die **syntaktische Funktion** (Aufgabe) des **Adverbiales** (↗2 G2; S 6; S 7).

Da sie ein **Satzglied** vertreten, nennt man sie **Gliedsätze.** Die Verbindung von Hauptsatz und Gliedsatz (oder: Gliedsatz und Hauptsatz) stellt ein **Satzgefüge** dar.

beiordnend: *unterordnend:*

① Hauptsatz | **NAM** – Hauptsatz   ② Hauptsatz

QUOD – Gliedsatz

Satzreihe   **Satzgefüge**

12

G 1: Personal-Pronomen im Nominativ

G 2: Deklination des Personal-Pronomens

Personen und Dinge bezeichnet man mit Substantiven.
Stellvertretend für sie kann auch ein **Personal-Pronomen** (persönliches Fürwort) stehen:

	Singular	Plural
1. Pers.	ich	wir
2. Pers.	du	ihr
3. Pers.	er/sie/es	sie

G 1 ▶ Personal-Pronomen im Nominativ

① Exspectāmus Cornēliam.   **Wir** warten auf Cornelia.
② **Ego** gaudeō; **tū** nōn gaudēs.   **Ich** freue mich; **du** freust dich nicht.
③ **Vōs** imperātis;   **Ihr** befehlt;
   nōs autem nōn pārēmus.   **wir** aber gehorchen nicht.

2 **1.1**   Ist die handelnde Person allein durch das **Person-Zeichen** des **Prädikats** ausgedrückt (↗ 1 G2.2), so erscheint sie als **nicht betont** ①.

1.2   Ist die handelnde Person durch das **Personal-Pronomen im Nominativ** ausgedrückt, so ist sie **stark betont**. Dies ist besonders bei Gegensätzen der Fall ② ③.

G 2 ▶ **Deklination des Personal-Pronomens**

Mihi/Nōbīs respondēs.	Du antwortest mir/uns.
Tibi/Vōbīs pāreō.	Ich gehorche dir/euch.
Mē/Nōs ⎤ iuvat nārrāre. **Tē/Vōs** ⎦	Es freut ⎰ mich/uns, ⎱ zu erzählen. ⎱ dich/euch, ⎰
Dē **mē**/Dē **nōbīs** ⎤ nārrās. Dē **tē**/Dē **vōbīs** ⎦	Du erzählst von ⎰ mir/uns. ⎱ dir/euch.

Wir tragen in das **Deklinationsschema** die am häufigsten begegnenden Kasus ein:

	Singular		Plural		Singular		Plural	
	1. Pers.	2. Pers.	1. Pers.	2. Pers.	1. Pers.	2. Pers.	1. Pers.	2. Pers.
Nom.	ego	tū	nōs	vōs	ich	du	wir	ihr
Gen.	–	–	–	–	–	–	–	–
Dat.	mihi	tibi	nōbīs	vōbīs	mir	dir	uns	euch
Akk.	mē	tē	nōs	vōs	mich	dich	uns	euch
Abl.	dē mē mēcum	dē tē tēcum	dē nōbīs nōbīscum	dē vōbīs vōbīscum	über mich mit mir	über dich mit dir	über uns mit uns	über euch mit euch

Die Präposition *cum* wird an den Ablativ des Personal-Pronomens angehängt: *mēcum, vōbīscum.*

13   **G 1:** Substantive und Adjektive auf -(e)r
       G 2: Praedicativum im Unterschied zum Prädikatsnomen

G 1 ▶ **Substantive auf -(e)r**

1.1   Zur o-Deklination gehören auch Substantive auf **-(e)r**.
Sie unterscheiden sich nur im Nominativ (und Vokativ) Singular von den Substantiven der o-Deklination auf -us.

Sg. N./Vok.	**puer**	der Junge	**age r**	der Acker
G.	**puer**-ī	des Jungen	**agr**-ī	des Ackers
Pl. N./Vok.	**puer**-ī	die Jungen	**agr**-ī	die Äcker
G.	**puer**-ōrum	der Jungen	**agr**-ōrum	der Äcker

Zur Deklination: ↗ Tabelle I₁.

13

Wir unterscheiden bei den Substantiven auf **-er** zwei Gruppen:

● eine Gruppe, bei der das *-e-* zum Wortstock gehört
(puer, puerī),

● eine Gruppe, bei der das *-e-* nur zur Erleichterung
der Aussprache in **Nominativ** und **Vokativ Singular**
eingeschoben ist (↗L20.1: Vokalentfaltung).

Maskulinum

Die Substantive auf -er sind **Maskulina**.

1.2   Adjektive auf -(e)r

Zur o-Deklination gehören auch **Adjektive** auf **-er**; sie gliedern sich ebenfalls in **zwei Gruppen**:

● in solche, bei denen das *-e-* zum Wortstock gehört, also **in allen Kasus** und **Genera** erhalten bleibt: *miser, misera, miserum*;

● in solche, bei denen das *-e-* nur **im Nominativ** und **Vokativ Singular** des **Maskulinums** eingeschoben ist: *pulcher, pulchra, pulchrum*.

	puer miser *der arme Junge* *ein armer Junge*		patria lībera *das freie Vaterland* *ein freies Vaterland*		forum pulchrum *das schöne Forum* *ein schönes Forum*	
N./V.	puer	miser	patri-**a**	līber-**a**	for-**um**	pulchr-**um**
G.	puer-**ī**	miser-**ī**	patri-**ae**	līber-**ae**	for-**ī**	pulchr-**ī**
D.	puer-**ō**	miser-**ō**	patri-**ae**	līber-**ae**	for-**ō**	pulchr-**ō**
Akk.	puer-**um**	miser-**um**	patri-**am**	līber-**am**	for-**um**	pulchr-**um**
Abl.	cum		dē		in	
	puer-**ō**	miser-**ō**	patri-**ā**	līber-**ā**	for-**ō**	pulchr-**ō**

Zur Deklination: ↗Tabellen I₁ und I₂.

G 2 ▶ Praedicativum im Unterschied zum Prädikatsnomen

① Cūr Rōmānī maestī sunt?	Warum sind die Römer traurig?
② Cūr Rōmānī hīc maestī et fessī sedent?	Warum sitzen die Römer hier traurig und müde herum?

In ① bildet das Adjektiv *maestī* als Prädikatsnomen zusammen mit der Copula *sunt* das Prädikat.

In ② ist ein vollständiges Prädikat *(sedent)* vorhanden; die Adjektive *maestī, fessī* bezeichnen den seelischen bzw. körperlichen Zustand, in dem das Subjekt den Prädikatsvorgang vollzieht.

3

Das Adjektiv ist in diesem Falle verwendet als

PRAEDICATIVUM.

- Nach der **Form** stimmt das Praedicativum *(maestī, fessī)* in **K**asus, **N**umerus und **G**enus mit dem **Subjekt** *(Rōmānī)* überein.

- Nach der **Funktion** bestimmt das Praedicativum *(maestī, fessī)* wie ein Adverbiale den **Prädikatsvorgang** *(sedent)*.

Man kann das Praedicativum sinnentsprechend etwa mit einem Gliedsatz wiedergeben:
② *wobei sie traurig und müde sind*

Das Praedicativum erfüllt die **syntaktische Funktion** (Aufgabe) des

ADVERBIALE.

Im Satzmodell:

Prädikatsnomen   Praedicativum

2.2   Als Praedicativum werden folgende Adjektive häufig verwendet:

laetus	fröhlich, heiter	timidus	ängstlich, furchtsam
maestus	traurig, betrübt	invītus	widerwillig, ungern
fessus	müde, erschöpft	sōlus	allein

14

G 1: Interrogativ-Pronomen QUIS, QUID
G 2: Prädikatsnomen im Akkusativ

G 1 ▶ Interrogativ-Pronomen QUIS, QUID

Quis līberōs Rōmānōrum docet?	Wer unterrichtet die Kinder der Römer?
Quid Graecī docent?	Was lehren die Griechen?

Wortfragen werden außer durch Frage-Adverbien (CUR? UBI?) auch mit dem **Interrogativ-Pronomen** (Frage-Fürwort) QUIS? (wer?) und QUID? (was?) eingeleitet.

Deklinationsschema:

	Maskulinum/Femininum		Neutrum	
N.	quis?	wer?	quid?	was?
G.	cui**us**?	wessen?		
D.	cu**i**?	wem?		
Akk.	quem?	wen?	quid?	was?
Abl.	dē quō?	über wen?		

G 2 ▶ Prädikatsnomen im Akkusativ

①	*Graecī clāmant:*	*Die Griechen schreien:*
	„Rōmānī barbarī sunt."	„Die Römer sind Barbaren."
②	Graecī Rōmānōs	Die Griechen nennen die Römer
	barbarōs vocant.	**,Barbaren'**/bezeichnen **als ,Barbaren'**.
③	Quis Graecōs nōn **doctōs** putat?	Wer hält die Griechen nicht **für gebildet**?

2.1 Das **Prädikatsnomen** bezieht sich in der Regel auf das Subjekt des Satzes; es bildet zusammen mit der Copula ESSE das Prädikat ① (↗6 G 2).

2.2 Bei bestimmten Verben (z. B. *vocāre* ②, *putāre* ③) steht das **Prädikatsnomen** im **Akkusativ**, weil es sich auf das Akkusativobjekt bezieht; es stimmt in Kasus, Numerus und Genus mit diesem (z. B. *Rōmānōs* ②, *Graecōs* ③) überein. Man spricht hier von einem „doppelten Akkusativ".

L→D Im Deutschen kann die enge Beziehung von Akkusativobjekt und Prädikatsnomen nicht immer nachgestaltet werden. Man benötigt dazu meist die Wörter *als, für*.

Satzmodelle:

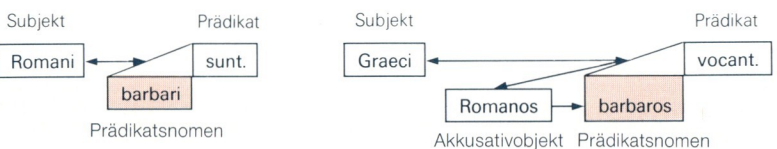

15

G 1: Modi des Verbums: Imperativ (einschließlich ESSE)

G 2: Possessiv-Pronomen der 1. und 2. Person; SUUS, SUA, SUUM

Am **Verbum finitum**, d. h. an der **konjugierten** Form des Verbums, können wir mehrere „Bestimmungen" durchführen:

1. **Person** *(1., 2., 3.)*,
2. **Numerus** *(Zahl)* der Personen (**Singular/Plural**),
3. **Tempus** *(Zeit)* des Geschehens oder Seins, das vom Verbum bezeichnet wird,
4. **Modus** *(Aussageweise)*, d. h. die Weise, wie das Geschehen oder Sein vom Sprechenden aufgefaßt ist,
5. **Genus verbi** *(Handlungsart)*, d. h. die Art, **wie** die Person des Subjekts an der Handlung beteiligt ist:

   ob sie **selbsttätig** die Handlung vollzieht (**Aktiv**: Tatform) oder

   ob sie **erleidend** von der Handlung betroffen wird (**Passiv**: Leideform).

Wir unterscheiden demnach **fünf Bestimmungsstücke** des Verbums:

PERSON	NUMERUS	TEMPUS	MODUS	GENUS

G 1 ▶ Modi: Imperativ

1.1 Der **Indikativ** ist der **Modus der Wirklichkeit**.
Der **Imperativ** ist der **Modus des Befehls**.

1.2 Imperativ der ā-/ē-Konjugation

Próperā!	Beeile dich!	Tácē!	Schweige!
Properáte!	Beeilt euch!	Tacéte!	Schweigt!

● Der **Singular** des Imperativs wird durch den bloßen Präsens-Stamm *próperā-/tácē-* gebildet, der **Plural** des Imperativs durch den Präsens-Stamm und die Endung *-te*.

● Im Imperativ stehen Befehle, die an die **2. Person** (du/ihr) gerichtet sind.

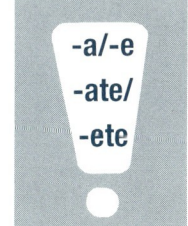

		ā-Konjugation	ē-Konjugation
Sg.	2. Person	-ā	-ē
Pl.	2. Person	-āte	-ēte

● Der Imperativ steht in der Regel **am Satzanfang**.

Sätze, in denen das Prädikat im Imperativ steht, werden wie im Deutschen durch ein **Ausrufezeichen** abgeschlossen.

15

1.3   **Imperativ von ESSE**

Es hūmānus, amīce!	**Sei** menschlich, Freund!
Es**te** hūmānī, amīcī!	**Seid** menschlich, Freunde!

Die Imperative von ESSE lauten:

Sg.	2. Person	es!
Pl.	2. Person	es-**te**!

Für das Prädikatsnomen beim Imperativ *es/este* gelten dieselben Regeln wie für das Prädikatsnomen beim Indikativ (↗6 G2.2).

G2 ▶ Possessiv-Pronomen

2.1   **Possessiv-Pronomen der 1. und 2. Person**

Rōmānī:

①	**Patria nostra** Italia est.	Unser Vaterland ist Italien.
②	Cūr in **nostrā patriā**	Warum wagt ihr, in unserem
	nōbīs imperāre audētis,	Vaterland uns zu befehlen,
	Graecī?	Griechen?

Das Possessiv-Pronomen steht

● in der Regel **nach** dem Substantiv ①,

● wenn es **betont** ist, **vor** dem Substantiv ②.

amīc**us** me**us**	mein Freund	amīc**a** tu**a**	deine Freundin
līber**ī** nostr**ī**	unsere Kinder	oppid**a** vestr**a**	euere Städte

Die Pronomina *meus, mea, meum* und *tuus, tua, tuum* werden wie die Adjektive auf *-us, -a, -um* dekliniert.
Die Pronomina *noster, nostra, nostrum* und *vester, vestra, vestrum* werden wie die Adjektive auf *-er, - ra, -rum* dekliniert (also -e- nicht zum Wortstock gehörig ↗13 G1.2): ↗Tabelle I_2; II_2.

2.2   **Reflexives Possessiv-Pronomen SUUS, SUA, SUUM**

Quis **patriam suam** nōn amat?	Wer liebt seine (eigene) Heimat nicht?
Quis **līberōs suōs** nōn amat?	Wer liebt seine (eigenen) Kinder nicht?

Bezieht sich die **Besitzangabe** auf das **Subjekt**, so ist sie – in der Regel nur bei starker Betonung – mit dem **reflexiven Possessiv-Pronomen** SUUS, SUA, SUUM ausgedrückt.

16 G1: Futur I: Aktiv der ā-/ē-Konjugation; ESSE
G2: Zur Kasuslehre: Dativ des Besitzes

G1 ▶ Futur I

1.1 Aktiv der ā-/ē-Konjugation

Bildung

Die Bestandteile des Verbums im **Futur I** sind:

Präsens-Stamm	Endung		
	Tempus-Zeichen	Binde-vokal	Person-Zeichen
vocā ———	**b**		ō
vocā ———	**b**	*i*	t
vocā ———	**b**	*u*	nt

Futur Aktiv

- Die deutsche (wie auch die englische) Sprache bildet das Futur durch Verbindung eines Hilfs-zeitwortes *(ich werde / I shall)* mit dem Infinitiv des Verbums: *ich werde rufen / I shall call.*

- Im Lateinischen wird die Form des **Futur I** (als Zeitform der Zukunft) allein durch eine **Veränderung der Verbform** gebildet; zu den sonstigen Bestandteilen des Verbums tritt ein besonderes Kennzeichen, das **Tempus-Zeichen**, hinzu.

- Das **Tempus-Zeichen** für das Futur I ist in der ā-/ē-Konjugation **-b-**; es tritt zwischen Präsens-Stamm und Person-Zeichen. Vor ein **konsonantisches** Person-Zeichen schiebt sich ein Binde-vokal *-i-* oder *-u-* (↗ L 20.1: Vokalentfaltung) ein.

Konjugationsschema

	ā-Konjugation		ē-Konjugation	
Sg. 1. Pers.	vocábō	ich werde rufen	vidébō	ich werde sehen
2. Pers.	vocábis	du wirst rufen	vidébis	du wirst sehen
3. Pers.	vocábit	er/sie/es wird rufen	vidébit	er/sie/es wird sehen
Pl. 1. Pers.	vocábimus	wir werden rufen	vidébimus	wir werden sehen
2. Pers.	vocábitis	ihr werdet rufen	vidébitis	ihr werdet sehen
3. Pers.	vocábunt	sie werden rufen	vidébunt	sie werden sehen

1.2 ESSE

Das Futur I wird vom Präsens-Stamm **er-** gebildet.

érō	ich werde sein	érimus	wir werden sein
éris	du wirst sein	éritis	ihr werdet sein
érit	er/sie/es wird sein	érunt	sie werden sein

Der Präsens-Stamm *er-* hat sich (durch Rhotazismus ↗ L22) aus *es-* entwickelt.

16 G2 ▶ Zur Kasuslehre: Dativ des Besitzes

Rōmānīs māgnae vīllae sunt.	**Den** Römern **gehören** *(sind)* große Landhäuser *(zu eigen)*.
	Die Römer **besitzen** große Landhäuser.
Mihi māgna vīlla nōn est.	**Ich habe** (**besitze**) kein großes Landhaus.
Vōbīs dīvitiae nōn sunt.	**Ihr besitzt** keinen Reichtum.

2.1   Der **Dativ** gibt in Verbindung mit einer Form von ESSE jeweils die **Person** an, **der** etwas „zu eigen ist"/gehört, oder – anders ausgedrückt – **die** etwas **besitzt**. Man nennt den Dativ des Besitzes **Dativus possessivus**.

2.2   **Umformung**

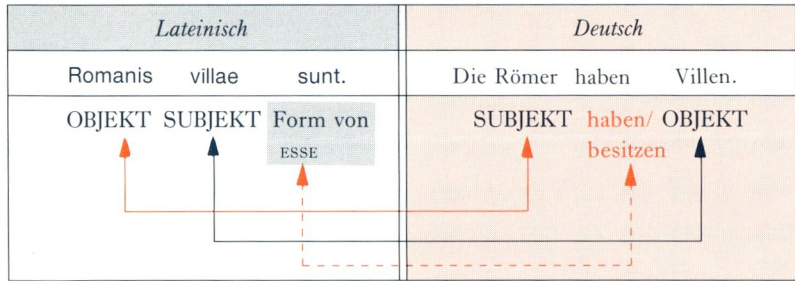

Lateinisch	*Deutsch*
Romanis villae sunt.	Die Römer haben Villen.
OBJEKT SUBJEKT Form von ESSE	SUBJEKT haben/ OBJEKT besitzen

17
G1: Imperfekt: Indikativ (Aktiv der ā-/ē-Konjugation; ESSE)
G2: Akkusativ der zeitlichen Ausdehnung

G1 ▶ Imperfekt: Indikativ

1.1   Aktiv der ā-/ē-Konjugation

Bildung

Die Bestandteile des Verbums im Imperfekt sind:

Präsens-Stamm	Endung	
	Tempus-Zeichen	Person-Zeichen
vocā ————	ba	t
vidē ————	ba	t

-ba-
Imperfekt

Das **Tempus-Zeichen** des Indikativ **Imperfekt** ist **-ba-**.
Es tritt zwischen Präsens-Stamm und Person-Zeichen.

7

Konjugationsschema

	ā-Konjugation		ē-Konjugation	
Sg. 1. Pers.	vocábam	ich rief	vidébam	ich sah
2. Pers.	vocábās	du riefst	vidébās	du sahst
3. Pers.	vocábat	er/sie/es rief	vidébat	er/sie/es sah
Pl. 1. Pers.	vocābámus	wir riefen	vidēbámus	wir sahen
2. Pers.	vocābátis	ihr riefet	vidēbátis	ihr saht
3. Pers.	vocábant	sie riefen	vidébant	sie sahen

vocā-bam, aber: *vocā-bā-tis* (↗L18.1: Vokalkürzung)

Die **Person-Zeichen** des **Imperfekts** sind – mit Ausnahme der 1. Person Singular – die gleichen wie die des Präsens und des Futurs; in der 1. Person Singular erscheint das Person-Zeichen **-m** (vgl. *su-m*).

1.2   ESSE

Die Formen des Indikativ Imperfekt von ESSE werden wie die des Futurs vom Präsens-Stamm **er-** gebildet. Das Tempus-Zeichen lautet hier **-a-** (↗L18.1).

éram	ich war	erámus	wir waren
érās	du warst	erátis	ihr wart
érat	er/sie/es war	érant	sie waren

Der Präsens-Stamm *er-* hat sich (durch Rhotazismus ↗L22) aus *es-* entwickelt.

G2 ▶   Akkusativ der zeitlichen Ausdehnung

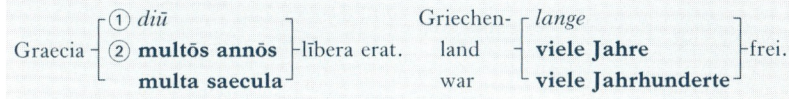

- ● Das hervorgehobene Satzglied in ② steht im **Akkusativ**.
  Wir fragen nach ihm **wie lange**?

- ● Wie das Adverb *diū* in ① geben *multōs annōs, multa saecula* ② einen Umstand der Zeit an.
  Der Akkusativ hat demnach die **syntaktische Funktion** eines **Adverbiale**.

Satzmodell:

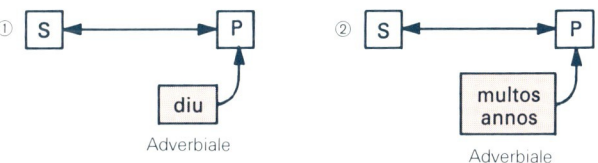

18 G 1: Accusativus cum Infinitivo (AcI): Konstruktion, Funktion, Übersetzung
G 2: Prädikatsnomen im AcI

G 1 ▶ Accusativus cum Infinitivo (AcI)

① Dāmoclēs tyrannum timēre videt.   Damokles sieht,
daß der Tyrann in Furcht ist.

②   Tyrannīs īnsidiās   **Daß** Tyrannen Anschläge drohen,
immminēre   cōnstat.   ist bekannt.

③ Dionȳsius populum imperiō   Dionysius glaubt,
suō nōn parēre putat.   **daß** das Volk seinem Befehl
nicht gehorcht.

1.1 Konstruktion des AcI

● Das Satzbauelement | tyrannum timēre | besteht
aus **Akkusativ** und **Infinitiv**;
man nennt diese Konstruktion deshalb

ACCUSATIVUS CUM INFINITIVO (AcI).

● Der AcI stellt einen (ursprünglich) **selbständigen**
Satz dar, der in einen anderen Satz „**eingebettet**" ist;
er hat demnach ein **eigenes Subjekt** (Subjektsakkusativ)
und ein **eigenes Prädikat** (Prädikatsinfinitiv).

Tyrannus timet

Dāmoclēs \ tyrannum timēre \ videt.

● Der AcI ist – im Gegensatz zum deutschen daß-Satz – nicht durch Komma
abgetrennt.

1.2 Syntaktische Funktion des AcI

Der AcI erfüllt in Satz ① ③ die **syntaktische Funktion des Objekts**,
in Satz ② die **syntaktische Funktion des Subjekts**.

Satzmodell:

①	
Subjekt	Prädikat
Damocles	videt.

AcI als Objekt: tyrannum timēre

②	
Subjekt	Prädikat
Tyrannis...imminere	constat.

AcI als Subjekt

8

1.3 Inhalt, Negation und Besitzangabe im AcI

- Der AcI enthält ein **Urteil** oder eine **Aussage** über etwas, was der Sprechende als **Tatsache** hinstellt oder bestreitet.
- Der AcI wird wie alle Aussagesätze mit NON **verneint** ③.
- Eine **Besitzangabe** im AcI wird, wenn sie sich auf das Subjekt des regierenden Satzes bezieht, mit dem **possessiven Reflexiv-Pronomen** SUUS, SUA, SUUM ausgedrückt: *Dionȳsius . . . imperiō suō* ③ (↗ 15 G2.2).

1.4 Der AcI steht nach:

- Verben des **Sagens**, z. B. nārrāre, dēmōnstrāre, negāre, respondēre
- Verben des **Glaubens** und der **Wahrnehmung**, z. B. putāre, cōgitāre, vidēre
- Verben der **Gemütsbewegung**, z. B. gaudēre, dolēre
- **unpersönlichen Ausdrücken**, z. B. cōnstat, appāret

1.5 Übersetzung des AcI

- Die Übersetzung des AcI erfordert in der Regel einen **Umbau der Struktur**, und zwar in einen **Gliedsatz** (*daß*-Satz):

  ① Damokles sieht, **daß** der Tyrann in Furcht ist.
  ② Es ist bekannt, **daß** Tyrannen Anschläge drohen.

  Dabei gilt folgende Umbau-Regel:

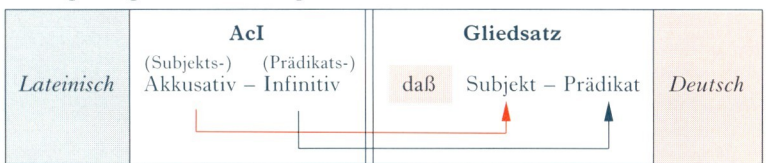

	AcI		Gliedsatz		
	(Subjekts-)	(Prädikats-)			
Lateinisch	Akkusativ –	Infinitiv	daß	Subjekt – Prädikat	*Deutsch*

- Manchmal läßt sich der AcI auch in einer verkürzten Struktur wiedergeben:

  ③ Dionysius glaubt, das Volk gehorche nicht seinem Befehl.

G 2 ▶ Prädikatsnomen im AcI

Dāmoclēs tyrannōs beātōs esse putat.   Damokles glaubt, ⎰ **daß** Tyrannen
⎱ glücklich sind.

Das **Prädikatsnomen im AcI** richtet sich entsprechend den Regeln der KNG-Kongruenz nach dem **Subjekt des AcI** (Subjektsakkusativ); es steht also wie dieses im **Akkusativ**.

① Tyrannī miserī sunt.

② Dāmoclēs   tyrannōs miserōs esse   nōn putat.

Satzmodell:

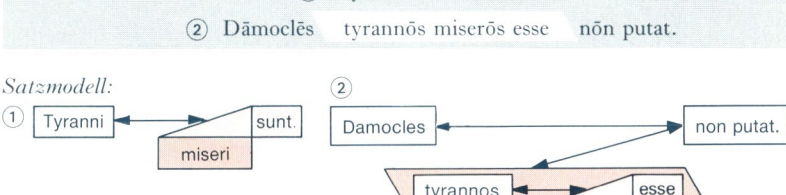

19

G 1: IRE: Präsens-Stamm

G 2: Präpositionen mit Akkusativ; Akkusativ bei Komposita

G 1 ▶ IRE: Präsens-Stamm

1.1 Präsens: Indikativ – Imperativ – Infinitiv

e-ō	ich gehe
ī-s	du gehst
i-t	er/sie/es geht
ī-mus	wir gehen
ī-tis	ihr geht
e-*u*nt	sie gehen

ī!	geh!
ī-te!	geht!
ī-re	gehen

īre hatte ursprünglich den Stamm **ei-*. Dieser Stamm erscheint als *e-* vor den dunklen Vokalen *-a-*, *-o-*, *-u-*; sonst als *-i-*. Das *-u-* in der 3. Person Plural ist eingeschoben (Erweiterungsvokal).

1.2 Imperfekt: Indikativ; Futur I

ī-bam	ich ging
ī-bās	du gingst
ībat	er/sie/es ging
ī-bámus	wir gingen
ī-bátis	ihr gingt
ī-bant	sie gingen

ī-bō	ich werde gehen
ī-bis	du wirst gehen
ī-bit	er/sie/es wird gehen
ī-bimus	wir werden gehen
ī-bitis	ihr werdet gehen
ī-b*u*nt	sie werden gehen

G 2 ▶ Präpositionen mit dem Akkusativ; Akkusativ bei Komposita

2.1 Präpositionen mit dem Akkusativ als Umstandsbestimmung

① Gallus **ante** temp**lum** stat.   Gallus steht *vor dem* Tempel.

② Amīcī **in** temp**lum** eunt.   Die Freunde gehen *in den* Tempel.

Wie der Ablativ tritt auch der **Akkusativ** sehr oft **in Verbindung mit einer Präposition** auf, z. B. *ante templum* ①, *in templum* ②.
Auch ein solcher Präpositionalausdruck ergänzt als nähere Umstandsbestimmung das Prädikat.

Satzmodell:

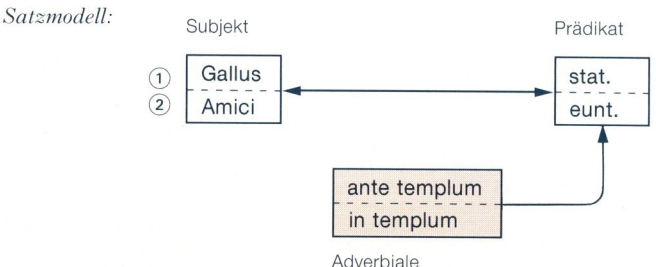

44

Präpositionen mit dem Akkusativ:

ad templum	*zum/beim* Tempel
ante aedificium	*vor dem* Gebäude
in oppidum	*in die* Stadt
per viās	*durch die* Wege / *auf den* Wegen
propter tē	*wegen* dir / deinet*wegen*

2.2 Präposition IN mit Akkusativ oder Ablativ

① Amīcī **in** forō stant.	Die Freunde stehen **auf dem** Forum.
② Amīcī **in** forum properant.	Die Freunde eilen **auf das** Forum.

In Verbindung mit der Präposition IN kann im Lateinischen **Ablativ** oder **Akkusativ** auftreten.

● IN mit **Ablativ** bezeichnet den Ort,
 wo etwas geschieht ①.

● IN mit **Akkusativ** bezeichnet den Ort,
 (auf den) **wohin** eine Handlung gerichtet ist ②.

2.3 Akkusativ bei Komposita

① Gallus	Gallus wagt nicht,
templ**um adīre** nōn audet.	zum Tempel hinzugehen.
② Amīcī	Die Freunde gehen
templ**um praetereunt.**	am Tempel vorüber.

Präpositionen mit dem Akkusativ verbinden sich oft mit IRE zu einem ‚zusammenge-
setzten' Verbum: Verbum compositum, z. B. *adīre* ①, *praeterīre* ②.
Solche **Komposita** haben dann ein Akkusativ-Objekt nach sich:

① **adīre** aedific**ium**	*an das* Gebäude *herangehen,*
	zum Gebäude *hingehen*
② **praeterīre** port**ās**	*an den* Toren *vorbeigehen*

20

G 1 ▶ Konsonantische Konjugation: Indikativ Präsens – Imperativ – Infinitiv

1.1 Erscheinungsform

Vokalische Konjugationen		Konsonantische Konjugation	
rufen	*sehen*	*führen*	*bitten*
vocá-re	vidé-re	dúc-e-re	pét-e-re

Der Präsens-Stamm der Verben der ā- und ē-Konjugation endet auf einen langen Vokal: **-ā** *(vocā-)* bzw. **-ē** *(vidē-)*.
Im Unterschied zu diesen Vokalischen Konjugationen lautet bei der Konsonantischen Konjugation der Präsens-Stamm auf einen oder mehrere **Konsonanten** aus, z. B. *dūc-*, *pet-*, *capess-*, *spern-*.

Bildung

Präsens-Stamm	Endung	
	Binde-vokal	Person-Zeichen
dūc	*i*	s
pet	*u*	nt

Im Indikativ Präsens wird (außer bei der 1. Person) zwischen den auslautenden Konsonanten des Präsens-Stammes und das Person-Zeichen ein **kurzer Bindevokal** *-i-*, *-u-* eingeschoben (↗L20.1: Vokalentfaltung).
Vgl. die Bildung des Futur I der ā-/ē-Konjugation: *vocā-b-is*, *vidē-b-**u**-nt* (↗16 G1)

1.2 Konjugationsschema

	Aktiv	
	ich sehe	*ich führe*
Sg. 1. Pers.	vídeō	dúcō
2. Pers.	vídēs	dúcis
3. Pers.	vídet	dúcit
Pl. 1. Pers.	vidḗmus	dúcimus
2. Pers.	vidḗtis	dúcitis
3. Pers.	vídent	dúcunt

	sehen	*führen*	*bitten*
Inf. Aktiv	vidḗre	dúcere	pétere
Imperativ: Sg.	vídē!	**dūc!**	péte!
Pl.	vidḗte!	dúcite!	pétite!

- Beim **Infinitiv Präsens** wird zwischen Präsens-Stamm und Infinitiv-Zeichen **-re** der Bindevokal *-ě-* eingeschoben.
- Der **Imperativ Präsens** wird mit dem Bindevokal *-ě-*, *-ī-* gebildet.
  Bei *dūcere* ist der Imperativ Singular Präsens gleich dem Präsens-Stamm: **dūc!**

2.1   **Indikativ Imperfekt**

Bildung

Präsens-Stamm	Endung		
	Binde-vokal	Tempus-Zeichen	Person-Zeichen
dūc ———	ē ———	**ba** ———	m
pet ———	ē ———	**ba** ———	mus

● Das **Tempus-Zeichen** des **Indikativ Imperfekt** ist (wie bei der ā- und ē-Konjugation) -**ba**-.

● Zwischen den Präsens-Stamm und das Tempus-Zeichen -**ba**- wird in der Konsonantischen Konjugation der Bindevokal -ē- eingeschoben.

Konjugationsschema

	ich sah	*ich führte*
Sg. 1. Pers.	vidḗbam	dūcḗbam
2. Pers.	vidḗbās	dūcḗbās
3. Pers.	vidḗbat	dūcḗbat
Pl. 1. Pers.	vidēbā́mus	dūcēbā́mus
2. Pers.	vidēbā́tis	dūcēbā́tis
3. Pers.	vidḗbant	dūcḗbant

2.2   **Futur I**

Bildung

Präsens-Stamm	Endung	
	Tempus-Zeichen	Person-Zeichen
dūc ———	a ———	m
pet ———	a ———	m
dūc ———	ē ———	mus
pet ———	e ———	nt

● Das **Tempus-Zeichen** des **Futur I** ist in der 1. Person Singular -**a**-, in allen anderen Formen -**e**-.

● Das Tempus-Zeichen tritt zwischen Präsens-Stamm und Person-Zeichen.

Konjugationsschema

	ich werde sehen	*ich werde führen*
Sg. 1. Pers.	vidḗbō	dū́cam
2. Pers.	vidḗbis	dū́cēs
3. Pers.	vidḗbit	dū́cet
Pl. 1. Pers.	vidḗbimus	dūcḗmus
2. Pers.	vidḗbitis	dūcḗtis
3. Pers.	vidḗbunt	dū́cent

ZUR SYSTEMATISCHEN WIEDERHOLUNG DER LEKTIONEN 11–20

Seit unserer letzten Zusammenfassung hast Du viele neue Erscheinungen hinzugelernt; zu ihrer Wiederholung soll Dir folgende Stoffgliederung eine Hilfe sein.

1. Zur Formenlehre

Du kannst nun auch folgende Formen des Nomens und des Verbums bilden und im Text wiedererkennen:

1.1 Nomen

1.2 Verbum

2. Zur Syntax

Du kennst außerdem folgende Gesetzmäßigkeiten, welche die Aufgabe der Kasus- und Verbformen im Gefüge des Satzes regeln:

2.1 Kasuslehre

2.2 Satzlehre

21

G 1: Perfekt-Aktiv-Stamm: Bildung mit -v-; fui; ii
G 2: Verwendung von Imperfekt und Perfekt

G 1 ▶ Perfekt: Bildung mit -v-; fui; ii

1.1 Bildung

Perfekt-Aktiv-Stamm	Endung	
	Binde-vokal	Person-Zeichen
vocā-v —————— i —————— t		er hat gerufen – rief
delē-v —————— i —————— t		er hat vernichtet – vernichtete
pet-ī-v —————— i —————— t		er hat verlangt – verlangte

-v-

Perfekt

- Der **Perfekt-Aktiv-Stamm** wird zumeist durch eine **Veränderung** des **Präsens-Stammes** gebildet. Viele Verben bilden das Perfekt mit dem **Bildungselement -v-**.

- Bei einigen Verben der Konsonantischen Konjugation tritt zwischen den Präsensstamm (*pet-*) und das Bildungselement **-v-** der Bindevokal *-ī-* (↗L20.1: Vokalentfaltung): *pet-ī-vit*.

- Zwischen den Perfekt-Aktiv-Stamm und das Person-Zeichen tritt der Bindevokal *-i-*: *petīv-i-t* (↗L20.1: Vokalentfaltung).

1.2 Der Perfekt-Stamm von ESSE lautet *fu-*, der von IRE lautet *i-*:

fuī	ich bin gewesen – war
iī	ich bin gegangen – ging

1.3 Konjugationsschema

ā-Konjugation	ē-Konjugation	Kons. Konjugation	ESSE	IRE
ich habe gerufen – rief	*ich habe zerstört – zerstörte*	*ich habe verlangt – verlangte*	*ich bin gewesen – war*	*ich bin gegangen – ging*
vocā́vī	dēlḗvī	petī́vī	fúī	íī
vocāvístī	dēlēvístī	petīvístī	fuístī	īstī
vocā́vit	dēlḗvit	petī́vit	fúit	íit
vocā́vimus	dēlḗvimus	petī́vimus	fúimus	íimus
vocāvístis	dēlēvístis	petīvístis	fuístis	īstis
vocāvḗrunt	dēlēvḗrunt	petīvḗrunt	fuḗrunt	iḗrunt

- Statt des Bindevokals *-i-* erscheint in der 2. Person Singular und Plural die Erweiterungssilbe *-is-*; diese Silbe wird in der 3. Person Plural vor dem Vokal *-u-* zu *-er-* (↗L17; L22).

- Bei *īstī, īstis*: *iī > ī* vor *-s-*.

49

21 G2 ▶ Verwendung von Imperfekt und Perfekt

①	Graecī Persās barbarōs vocā**bant**.	Die Griechen **bezeichneten** die Perser als ‚Barbaren'.
②	Graecī Persās māgnā pūgnā superā**vērunt**.	Die Griechen **haben** die Perser in einer großen Schlacht **besiegt**.

Bei der Darstellung von Handlungen und Vorgängen unterscheidet man einen **Hintergrund** und einen **Vordergrund**.

Handlungen und Vorgänge, die den **Hintergrund** kennzeichnen, stehen zumeist im **Imperfekt**.

Handlungen und Vorgänge, die sich im **Vordergrund** vollzogen haben und als endgültige Ergebnisse feststehen, sind in der Regel im **Perfekt** ausgedrückt.

Es bezeichnet:

- das **Imperfekt** vor allem **Sitten, Gewohnheiten, wiederholte** und (noch) **nicht abgeschlossene** („nicht perfekte") Handlungen und Vorgänge,

- das **Perfekt** entweder **Zustände**, die in der Gegenwart noch **fortdauern**, oder **einmalige** und **abgeschlossene** Handlungen und Vorgänge.

 Lateinisches Imperfekt und Perfekt werden im Deutschen meistens nicht unterschieden, sondern mit der 1. Vergangenheit *(Präteritum)* wiedergegeben.

22 G1: Personal- und Demonstrativ-Pronomen IS

G2: Reflexives Personal-Pronomen

Personen und Dinge bezeichnet man mit Substantiven.
Stellvertretend für sie können **Pronomina** stehen, z. B. **Personal-Pronomina** (↗ 12 G1) oder **Demonstrativ-Pronomina**.
Demonstrativ-Pronomina weisen mit besonderem Nachdruck auf eine Person oder Sache **hin**, z. B.: **dieser** Mann.

G1 ▶ Personal- und Demonstrativ-Pronomen IS

1.1 **Deklination**

is, ea, id 1. *er, sie, es* 2. *dieser/diese/dieses*						
	Singular			Plural		
	m	*f*	*n*	*m*	*f*	*n*
N.	is	ea	i*d*	eī (iī)	eae	ea
G.		**eius**		eōrum	eārum	eōrum
D.		eī			eīs (iīs)	
Akk.	eum	eam	i*d*	eōs	eās	ea
Abl.	eō	eā	eō		eīs (iīs)	

Die Endung des **Genitiv Singular** lautet **-ius**,
die Endung des **Dativ Singular** lautet **-ī**.

In **beiden Kasus** besteht **kein Unterschied**
zwischen Maskulinum, Femininum und Neutrum.

is, ea, id
eius
eī

1.2 Verwendung als Personal- und Demonstrativ-Pronomen

① Atia Cornēliam invitāvit;
    mōnstrat **eī** servōs et servās.

Atia hat Cornelia eingeladen;
sie zeigt **ihr** die Diener und
Dienerinnen.

② Diodotus ūnus ē servīs est;
    eum puerī nōn amant.

Diodotus ist einer der Diener;
ihn lieben die Jungen nicht.

③ Nam *is* vir sevērus est.

Denn *dieser* Mann ist streng.

④ **Eōs** saepe vituperat.

Er tadelt **sie** oft.

Das Pronomen IS, EA, ID kann als **Personal-Pronomen** und als **Demonstrativ-Pronomen** verwendet werden.

● Als **Personal-Pronomen** der **3. Person** (Singular: *er, sie, es* – Plural: *sie*) steht
IS, EA, ID selbständig; es weist auf bereits genannte Personen oder Sachen hin
① ② ④.

● Als **Demonstrativ-Pronomen** weist IS, EA, ID mit besonderem Nachdruck auf eine
bereits genannte Person oder Sache hin: *dieser* Mann ③.

In diesem Fall wird IS, EA, ID als **Attribut** (↗6 G1) bei einem Substantiv verwendet:

is vir	dieser Mann	eī (iī) servī	diese Sklaven
ea patria	diese Heimat	in eō templō	in diesem Tempel

1.3 Verwendung zur Besitzangabe

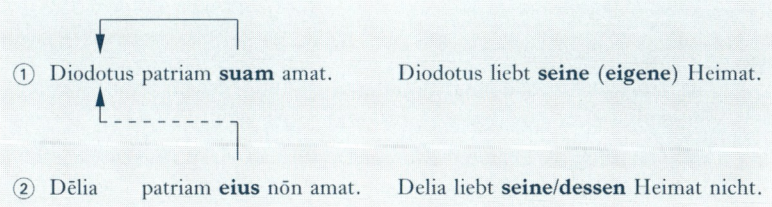

① Diodotus patriam **suam** amat.   Diodotus liebt **seine (eigene)** Heimat.

② Dēlia   patriam **eius** nōn amat.   Delia liebt **seine/dessen** Heimat nicht.

Der Genitiv des **Personal-Pronomens** (Sg.: *eius* – Pl.: *eōrum/eārum*) drückt zumeist
ein **Besitzverhältnis** aus. Das Personal-Pronomen bezieht sich auf ein Nomen des
vorausgehenden Satzes ②↗①.

Im Gegensatz dazu bezieht sich das **reflexive Possessiv-Pronomen** SUUS, SUA, SUUM
(↗15 G2.2) auf das Subjekt des gleichen Satzes ①.

22

2.1 Verwendung als Objekt

Tyrannus **sibi** dīvitiās parat.	Der Tyrann verschafft **sich** Reichtum.
Tyrannus **sē** miserum putat.	Der Tyrann hält **sich** für unglücklich.

Das **reflexive Personal-Pronomen** tritt nur in der 3. Person auf; es drückt im Satz immer die **Beziehung auf das Subjekt** aus („reflexiv" heißt: „auf das Subjekt zurückbezogen").

Das reflexive Personal-Pronomen lautet im Singular und Plural gleich:

im Dativ	SIBI
im Akkusativ	SE

2.2 Verwendung im AcI

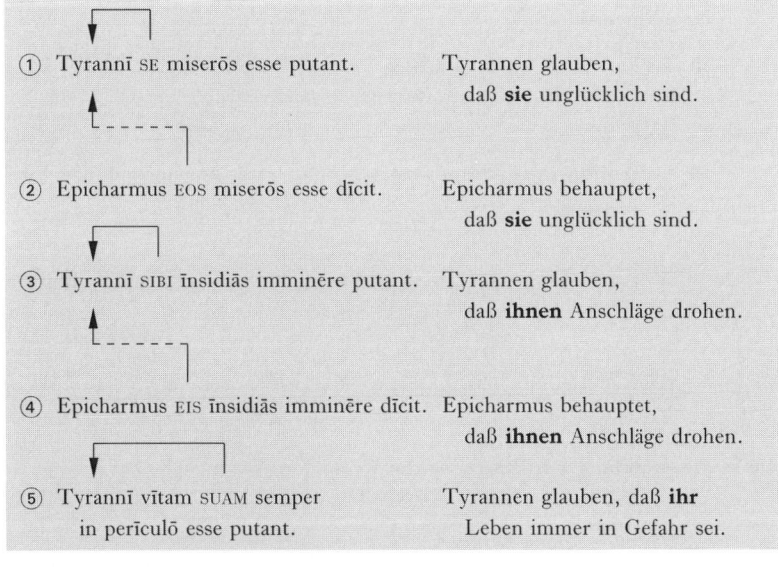

① Tyrannī SE miserōs esse putant.	Tyrannen glauben, daß **sie** unglücklich sind.
② Epicharmus EOS miserōs esse dīcit.	Epicharmus behauptet, daß **sie** unglücklich sind.
③ Tyrannī SIBI īnsidiās imminēre putant.	Tyrannen glauben, daß **ihnen** Anschläge drohen.
④ Epicharmus EIS īnsidiās imminēre dīcit.	Epicharmus behauptet, daß **ihnen** Anschläge drohen.
⑤ Tyrannī vītam SUAM semper in perīculō esse putant.	Tyrannen glauben, daß **ihr** Leben immer in Gefahr sei.

● Das **reflexive Personal-Pronomen** SE ① bezeichnet das Subjekt im AcI, wenn es mit dem Subjekt des ‚übergeordneten' Satzes identisch ist.

● Das **reflexive Personal-Pronomen** SIBI ③ bezeichnet ein Objekt im AcI, das sich auf das Subjekt des ‚übergeordneten' Satzes bezieht.

● Das **nichtreflexive Personal-Pronomen** EOS ②, EIS ④ (↗22 G1.3) bezeichnet das Subjekt bzw. Objekt im AcI, wenn es sich auf ein Nomen nicht des ‚übergeordneten' Satzes, sondern des diesem vorausgehenden Satzes bezieht.

● Das **reflexive Possessiv-Pronomen** SUAM ⑤ (↗15 G2.2; 22 G1.3) bezeichnet eine Besitzangabe im AcI, die sich auf das Subjekt des ‚übergeordneten' Satzes bezieht.

Beachte:

Amīcus		beātum esse dīcit.
Amīci		beātōs esse dīcunt.
Amīca		beātam esse dīcit.
Amīcae		beātās esse dīcunt.

23

G 1: Passiv: Indikativ und Infinitiv Präsens
G 2: Richtungsangaben

G 1 ▶ Passiv: Indikativ und Infinitiv Präsens

Eine Handlung kann so dargestellt werden, daß das Subjekt (Person oder Sache) von ihr **leidend** (**passiv**) betroffen wird. Das Prädikat steht in einem solchen Fall im **Passiv** (↗15: Vorbemerkung 5: Genus verbi).

1.1 Indikativ Präsens Passiv

Die **Person-Zeichen des Passivs** lauten:

	Singular	Plural
1. Pers.	-or	-mur
2. Pers.	-ris	-minī
3. Pers.	-tur	-ntur

	ā-Konjugation	ē-Konjugation	Kons. Konjugation
	ich werde *gerufen/genannt*	*ich werde* *gesehen*	*ich werde* *geführt*
Singular	vócor vocáris vocátur	vídeor vidéris vidétur	dúcor dúceris dúcitur
Plural	vocámur vocáminī vocántur	vidémur vidéminī vidéntur	dúcimur ducíminī dūcúntur

vocor <*voca-or (↗L19: Kontraktion)

● Die Person-Zeichen des Präsens Passiv treten bei der ā- und ē-Konjugation unmittelbar an den Präsens-Stamm *vocā-*, *vidē-*, bei der Konsonantischen Konjugation (außer der 1. Pers. Sg.) an den mit den Bindevokalen *-e-/-i-/-u-* erweiterten Präsens-Stamm *duce-/duci-/ducu-*.

● Außer der 2. Person Plural weisen alle Person-Zeichen ein **-r-** auf, das uns als Merkmal des Passivs dienen kann.

23 1.2 Infinitiv Präsens Passiv

Der **Infinitiv Präsens Passiv** endet
in der ā- und ē-Konjugation auf **-rī**,
in der Konsonantischen Konjugation auf **-ī**.

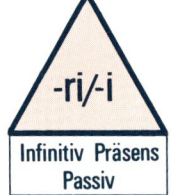

vocā́rī	gerufen (zu) werden
vidḗrī	gesehen (zu) werden
dū́cī	geführt (zu) werden

Cūr Rōmānī gaudent	Warum freuen sich die Römer darüber,
sē dominōs dūrōs **vocārī/dīcī**?	daß sie harte Herren **genannt werden**?

Der Infinitiv Präsens Passiv begegnet am häufigsten im AcI.

1.3 **‚Urheber der Handlung'**

① **A** pīrātīs temptāmur.	Wir werden **von** Piraten angegriffen.
Ab adversāriīs superāmur.	Wir werden **von** den Gegnern besiegt.
② Iniūriā terrēmur.	Wir werden **durch** Unrecht erschreckt.

In ① ist **Urheber** des passivischen Prädikatsvorgangs eine **Person**.
Diese Person steht im Lateinischen im Ablativ, verbunden mit der
Präposition ā/ab: **Ablativus auctoris.**
Wir fragen nach ihr mit *von wem? durch wen?*

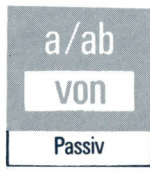

In ② ist **Ursache** des passivischen Prädikatsvorgangs eine **Sache**.
Diese Sache steht im Lateinischen im **bloßen Ablativ**
(d. h. ohne Präposition).
Wir fragen nach ihr mit *wodurch? womit? wovon?*

G 2 ▶ Richtungsangaben

① **In Graeciam**	trānsportāmur. Wir werden	nach Griechenland	gebracht.
② **Dēlum**		nach Delos	

Angaben der **Richtung** und des **Zieles** werden im Lateinischen ausgedrückt:

2.1 in der Regel durch die **Präposition IN mit Akkusativ** (↗19 G2.2), z. B.

① in Graeciam	nach Griechenland
in forum	auf den Marktplatz

2.2 bei Städten und kleineren Inseln mit dem **bloßen Akkusativ**
(d. h. ohne Präposition), z. B.

② Dēlum	nach Delos
Rōmam	nach Rom

G 1: Passiv: Indikativ Imperfekt
G 2: Passiv: Futur I

G 1 ▶ Passiv: Indikativ Imperfekt

Im Indikativ **Imperfekt Passiv** tritt
– ebenso wie im Indikativ Imperfekt Aktiv (↗17 G1.1) –
das **Tempus-Zeichen -ba-** zwischen Präsens-Stamm und
Person-Zeichen (↗23 G1.1: Person-Zeichen des Passivs).

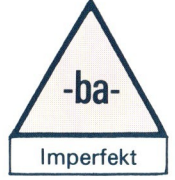

		ich wurde gerufen	ich wurde gesehen	ich wurde geführt
Sg.	1. Pers.	vocábar	vidébar	dūcébar
	2. Pers.	vocābáris	vidēbáris	dūcēbáris
	3. Pers.	vocābátur	vidēbátur	dūcēbátur
Pl.	1. Pers.	vocābámur	vidēbámur	dūcēbámur
	2. Pers.	vocābáminī	vidēbáminī	dūcēbáminī
	3. Pers.	vocābántur	vidēbántur	dūcēbántur

vocā-ba-r, aber: *vocā-bā-ris* (↗L18.1: Vokalkürzung)

G 2 ▶ Passiv: Futur I

2.1 Das **Tempus-Zeichen** des **Futur I Passiv**
ist in der **ā- und ē-Konjugation**
wie im Futur I Aktiv **-b-** (↗16 G1.1).

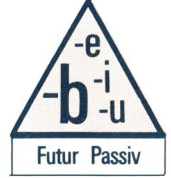

Der Bindevokal (↗L20.1) zwischen dem Tempus-Zeichen *-b-*
und den konsonantisch anlautenden Person-Zeichen wechselt
zwischen *-i-, -e-* und *-u-* (↗L17: Vokalschwächung).

2.2 Das **Tempus-Zeichen** des **Futur I Passiv**
ist in der **Konsonantischen Konjugation**
wie im Futur I Aktiv **-a-/-e-** (↗20 G2.2).

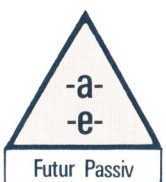

		ich werde gerufen werden	ich werde gesehen werden	ich werde geführt werden
Sg.	1. Pers.	vocábor	vidébor	dúcar
	2. Pers.	vocáberis	vidéberis	dūcéris
	3. Pers.	vocábitur	vidébitur	dūcétur
Pl.	1. Pers.	vocábimur	vidébimur	dūcémur
	2. Pers.	vocábiminī	vidébiminī	dūcéminī
	3. Pers.	vocābúntur	vidēbúntur	dūcéntur

Das **Partizip**[1] *(Mittelwort)* hat eine Mittelstellung zwischen Verbum und Adjektiv. Weil es ein vom Verbum abgeleitetes Adjektiv *(Verbaladjektiv)* ist, hat es an beiden Wortarten teil.

Im Lateinischen gibt es wie im Deutschen

– Partizip Präsens, z. B. fragend,

– Partizip Perfekt, z. B. gefragt.

---

[1] von *particeps, particip-is* : teilhabend

G 1 ▶ Partizip Perfekt Passiv (PPP): Bildung und Verwendung

1.1 **Bildung auf -tus, -ta, -tum**

Das **Partizip Perfekt Passiv** (**PPP**) wird gebildet, indem das Bildungselement **-tus, -ta, -tum** an den Präsens-Aktiv-Stamm gesetzt wird; dieser kann dabei im Auslaut verändert werden.

Das PPP wird wie die Adjektive der o- bzw. der ā-Deklination (↗6 G1) dekliniert.

1.2 **Formen:**

Präsens-Aktiv-Stamm	PPP	Bedeutung
parā-	parā́-**tus, -ta, -tum**	bereitet
implē-	implḗ-**tus, -ta, -tum**	angefüllt
pet-	pet-í-**tus, -ta, -tum**	erbeten

Bei *petítus* tritt zwischen den Präsens-Aktiv-Stamm und das Bildungselement **-tus, -ta, -tum** der Bindevokal *-i-* (↗L20.1: Vokalentfaltung).

Das PPP bezeichnet **Zustände**, die sich aus dem Abschluß einer Handlung ergeben.

G 2 ▶ Als Attribut gebrauchtes Partizip

Wie jedes Adjektiv kann auch das Partizip Perfekt Passiv im Satz die **syntaktische Funktion des Attributs** übernehmen:

Cato:

① **Litterae importātae**
   līberīs nostrīs nocent.

   Die *eingeführten Wissenschaften*
   schaden unseren Kindern.

② **Philosophōs** nunc Rōmam
   arcessītōs ex Italiā fugābimus.

   Die *Philosophen, die jetzt nach*
   Rom geholt worden sind,
   werden wir aus Italien vertreiben.

5

Das als Attribut gebrauchte PPP kann übersetzt werden

1. ebenfalls durch **Partizip**,
2. durch einen **Relativsatz** (relativischen **Attributsatz**).

 Die Übersetzung durch **Relativsatz** empfiehlt sich besonders, wenn das PPP durch **zusätzliche Angaben** *(nunc Rōmam)* näher bestimmt ist ②.

Im Lateinischen sind diese zusätzlichen Angaben zwischen Bezugswort und Partizip gestellt. Diese Stellung nennt man

> GESCHLOSSENE WORTSTELLUNG.

---

26 **G1:** Passiv: Indikativ Perfekt
G2: Zur Kasuslehre: Ablativ der Zeit und des Ortes

G1 ▶ Passiv: Indikativ Perfekt

1.1 Die Formen des Perfekt Passiv

	ich bin gerufen (worden) – wurde gerufen			
Sg.	vocā**tus, -a, -um**	sum / es / est	vocā**tī, -ae, -a**	sumus / estis / sunt
	ich bin angefüllt (worden) – wurde angefüllt			
Sg.	implē**tus, -a, -um**	sum / es / est	implē**tī, -ae, -a**	sumus / estis / sunt
	ich bin gebeten (worden) – wurde gebeten			
Sg.	petī**tus, -a, -um**	sum / es / est	petī**tī, -ae, -a**	sumus / estis / sunt

Die lateinischen Formen des **Perfekt Aktiv** sind **einfache** Formen. Im Gegensatz dazu sind die Formen des **Perfekt Passiv**, wie im Deutschen und Englischen, **zusammengesetzt**. Sie werden gebildet aus dem **PPP** (↗25 G1) und den **Präsensformen** von ESSE. ↗Tabelle V_4.

1.2   Verwendung im Hauptsatz

Poenī ex Italiā fugātī sunt.	① Die Punier sind aus Italien vertrieben (worden).
	② Die Punier wurden aus Italien vertrieben.

Die Formen des **Indikativ Perfekt Passiv** bezeichnen

① **Zustände**, die in der **Gegenwart** des Sprechenden noch fortdauern,

② **einmalige**, abgeschlossene **Geschehnisse der Vergangenheit**.

1.3   Indikativ Perfekt im POSTQUAM-Satz

Rōmānī	Die Römer
oppidō Poenōrum imminēbant,	bedrohten die Stadt der Punier,
① **postquam** eōs ex Italiā fugā**vērunt**.	**nachdem** sie sie aus Italien vertrieben hatten.
② **postquam** ā sociīs auxilium pet**ītum est**.	**nachdem** von den Bundesgenossen Hilfe erbeten worden war.

● Der mit POSTQUAM eingeleitete Gliedsatz stellt eine **Zeitangabe** dar; er heißt deshalb **Temporalsatz**[1].

● Der **Indikativ Perfekt Aktiv** ① und **Passiv** ② bezeichnet im POSTQUAM-Satz einen **abgeschlossenen Vorgang in der Vergangenheit**.

 Im Deutschen wird im NACHDEM-Satz das Plusquamperfekt verwendet.

[1] *temporal < tempus:* Zeit

G2 ▶ Zur Kasuslehre: Ablativ der Zeit und des Ortes

① Cōpiae Rōmānōrum **bellō Pūnicō** saepe superātae sunt.	Die Truppen der Römer sind **im Punischen Krieg** oft besiegt worden.
② Novae cōpiae **tōtā Italiā** parātae sunt.	Neue Truppen sind **in ganz Italien** ausgehoben worden.

2.1   Zur Kasuslehre: Ablativ der Zeit (Ablativus temporis)

Der **bloße** Ablativ *bellō Pūnicō* gibt in ① einen Umstand der Zeit (Zeitpunkt) an.

Man findet den Ablativus temporis mit der Frage:
WANN?

bellō Pūnicō	im Punischen Krieg
paucīs annīs	in wenigen Jahren
eō saeculō	in diesem Jahrhundert
aber:	
in summō perīculō	in höchster Gefahr *(Zustand!)*

6

2.2 Zur Kasuslehre: Ablativ des Ortes (Ablativus loci)

Der **bloße** Ablativ *tōtā Italiā* gibt in ② einen Umstand des Ortes an.

Man findet den Ablativus loci mit der Frage:
WO?

tōtā Italiā	in ganz Italien
eō **locō**	an diesem Ort
suō **locō**	an seinem Ort,
	bei passender Gelegenheit
aber:	
in Italiā	in Italien

Ablativus temporis und **Ablativus loci** übernehmen innerhalb eines Satzes die **syntaktische Funktion des Adverbiales**.

Im Satzmodell:

Ablativus temporis   **Ablativus loci**

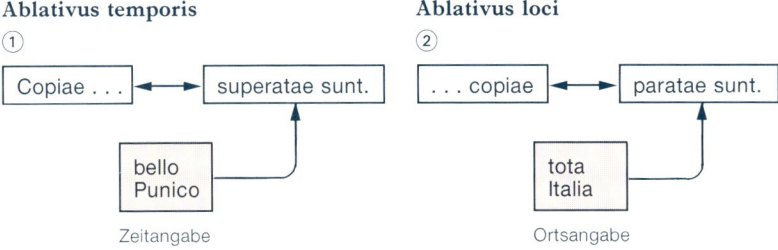

①   ②

Copiae ... → superatae sunt.   ... copiae → paratae sunt.

bello Punico   tota Italia

Zeitangabe   Ortsangabe

27

G 1: Infinitiv Perfekt Aktiv und Passiv
G 2: Zeitverhältnisse im AcI: Gleichzeitigkeit und Vorzeitigkeit

G 1 ▶ Infinitiv Perfekt Aktiv und Passiv

Bildung

1.1 Der **Infinitiv Perfekt Aktiv** hat die Endung **-isse**; er tritt an den Perfekt-Aktiv-Stamm: *vocāv-, dēlēv-, petīv-, fu-*:

Inf. Präsens Aktiv	vocā-**re** *rufen*	implē-**re** *anfüllen*	pete-**re** *bitten*	es-**se** *sein*
Inf. Perfekt Aktiv	vocāv-**isse** *gerufen haben*	implēv-**isse** *angefüllt haben*	petīv-**isse** *gebeten haben*	fu-**isse** *gewesen sein*

1.2   Der **Infinitiv Perfekt Passiv** ist zusammengesetzt aus dem **PPP** und der Copula **ESSE**:

Inf. Präsens Passiv	vocā-**rī** *gerufen werden*	implē-**rī** *angefüllt werden*	pet-**ī** *gebeten werden*
Inf. Perfekt Passiv	vocā**tum/tōs** vocā**tam/tās** } esse vocā**tum/ta** *gerufen worden sein*	implē**tum/tōs** implē**tam/tās** } esse implē**tum/ta** *angefüllt worden sein*	petī**tum/tōs** petī**tam/tās** } esse petī**tum/ta** *gebeten worden sein*

G2 ▶ **Zeitverhältnisse im AcI: Gleichzeitigkeit und Vorzeitigkeit**

Catō putat (putāvit)   Cato glaubt (glaubte),
① dīvitiās Poenōrum crē**sc**ere.   daß der Reichtum der Punier
                                            wächst (wuchs).

② dīvitiās Poenōrum crē**visse**.   daß der Reichtum der Punier
                                            gewachsen ist (war).

Appāret   Es ist offensichtlich,
① Poenōs ā Rōmānīs nōn am**ārī**.   daß die Punier von den Römern
                                            nicht **geliebt werden**.

② Poenōs ā Rōmānīs am**ātōs**   daß die Punier von den Römern
nōn **esse**.   nicht **geliebt worden sind**.

Nōn ignōrāmus   Wir wissen wohl,
① Rōmam clāram **esse**.   daß Rom berühmt **ist**.

② Rōmam clāram **fuisse**.   daß Rom berühmt **gewesen ist**.

Der **Infinitiv Perfekt** wird wie der **Infinitiv Präsens** zumeist im **AcI** verwendet. Diese Infinitive drücken ein jeweils **verschiedenes Zeitverhältnis** aus.

● In ① steht im AcI jeweils der **Infinitiv Präsens**; er drückt aus, daß der Vorgang des AcI **gleichzeitig** mit dem Vorgang des ‚übergeordneten' Satzes abläuft.

● In ② steht im AcI jeweils der **Infinitiv Perfekt**; er drückt aus, daß der Vorgang des AcI **vor** dem Vorgang des ‚übergeordneten' Satzes bereits **abgeschlossen**, also **vorzeitig** ist.

Zeitstufe des Infinitivs	Zeitverhältnis
Präsens(-Stamm)	**gleich**zeitig
Perfekt(-Aktiv/Passiv-Stamm)	**vor**zeitig

28

G1: Indikativ Plusquamperfekt: Aktiv und Passiv

G2: Demonstrativ-Pronomen IPSE

G1 ▶ Indikativ Plusquamperfekt: Aktiv und Passiv

> Das **Plusquamperfekt** bezeichnet Vorgänge, die auf der Zeitstufe der **Vergangenheit**, aber schon **vor** einem anderen Vorgang abgelaufen sind.

1.1 Aktiv

Bildung

Perfekt-Aktiv-Stamm	Endung		
	Tempus-Zeichen	Person-Zeichen	
vocāv	era	t	er hatte gerufen
implēv	era	t	er hatte angefüllt
petīv	era	t	er hatte verlangt
i	era	t	er war gegangen
fu	era	t	er war gewesen

Das **Tempus-Zeichen** des **Plusquamperfekt Aktiv** ist -era-;
es tritt zwischen den Perfekt-Aktiv-Stamm und das Person-Zeichen.

Konjugationsschema

vocáveram	ich hatte gerufen
vocáverās	du hattest gerufen
vocáverat	er/sie/es hatte gerufen
vocāverámus	wir hatten gerufen
vocāverátis	ihr hattet gerufen
vocáverant	sie hatten gerufen

hatte
-era-
war

Indikativ
Plusquamperfekt

1.2 Passiv

Das **Passiv** des **Plusquamperfekts** ist aus dem **PPP** und den **Imperfektformen** von ESSE zusammengesetzt (↗26 G1.1: Perfekt-Passiv-Bildung).

vocātus, -a, -um	**eram**	ich **war**	}	gerufen worden
vocātī, -ae, -a	**erāmus**	wir **waren**		
implētus, -a, -um	**eram**	ich **war**	}	angefüllt worden
implētī, -ae, -a	**erāmus**	wir **waren**		
petītus, -a, -um	**eram**	ich **war**	}	verlangt worden
petītī, -ae, -a	**erāmus**	wir **waren**		

61

2.1 Deklination

ipse, ipsa, ipsum *selbst* *selber* *persönlich*					
	Singular			Plural	
m	*f*	*n*	*m*	*f*	*n*
N.	ipse	ipsa	ipsu**m**	ipsī	ipsae	ipsa
G.		ipsīus		ipsōrum	ipsārum	ipsōrum
D.		ipsī			ipsīs	
Akk.	ipsum	ipsam	ipsu**m**	ipsōs	ipsās	ipsa
Abl.	ipsō	ipsā	ipsō		ipsīs	

Die Endungen des Genitivs **-īus** und des Dativs **-ī** stimmen mit denen der Deklination von IS, EA, ID überein: *e-ius, e-ī* (↗22 G1.1).

2.2 Verwendung

① Dīdō Aenēam amat;
Aenēās **ipse** nuptiās[1]
nōn cōgitat.

Dido liebt Aeneas;
Aeneas **selbst** (persönlich) denkt
nicht ans Heiraten.

② Ā deīs **ipsīs** ad officium
revocātur[2];

itaque Italiam petit.

Er wird von den Göttern selbst
(unmittelbar/gerade von den Göttern)
wieder zur Pflicht gerufen;
deshalb zieht er nach Italien.

[1] nuptiae, -ārum: Hochzeit   2) revocāre ad: wieder rufen zu

IPSE, IPSE, IPSUM dient oft der Hervorhebung eines Begriffes:

   **ipse**   **selbst** (persönlich ①, unmittelbar/gerade ②)

29 G1: Relativ-Pronomen
G2: Relativsatz als Attributsatz

G1 ▶ Relativ-Pronomen

1.1

① is, quī dē Aenēā nārrat

der(-jenige), der von Aeneas erzählt
(*z.B. Vergil*)

② ea, quae Aenēam amat

die(-jenige), die Aeneas liebt
(*z.B. Dido*)

③ id, quod dē Aenēā nārrātur
ea, quae dē Aenēā nārrantur

das(-jenige), was über Aeneas erzählt wird
(*z.B. in der Aeneïs*)

Das **Relativ-Pronomen** stellt die **Beziehung ("Relation") zwischen zwei Sätzen** her, von denen der eine dem anderen untergeordnet ist; der untergeordnete Satz heißt Relativsatz.

Häufig weist das Demonstrativ-Pronomen IS, EA, ID (↗22 G1.2) in der Bedeutung ‚derjenige' auf den Relativsatz hin ① ② ③.

1.2 Deklination

	Singular			Plural		
	quī, quae, quod					
	welcher, welche, welches; der, die, das					
N.	quī	quae	**quod**	quī	quae	**quae**
G.		cuius		quōrum	quārum	quōrum
D.		cui		**quibus**		
Akk.	**quem**	quam	**quod**	quōs	quās	**quae**
Abl.	quō	quā	quō	**quibus**		
	quōcum	quācum	quōcum	**quibus**cum		

Das **Relativ-Pronomen** zeigt in einigen Kasusformen ein von der ā- und o-Deklination abweichendes Schema:

Genitiv und Dativ Singular werden wie beim Interrogativ-Pronomen QUIS, QUID (↗14 G1) gebildet; die **Endungen** lauten wie bei allen Pronomina **-ius, -i.**

G2 ▶ Relativsatz als Attributsatz

① *(Is) Locus,* **quem** vidēs,   Der Ort, den du siehst,
   Trōia vocātur.   heißt Troia.

② *Trōiānī,*   Die Troianer,
   quōrum oppidum ā Graecīs   deren Stadt von den Griechen ver-
   dēlētum est, Italiam petunt.   nichtet worden ist, ziehen nach Italien.

③ *Dīdō,* **ā quā** Aenēās amātur,   Dido, von der Aeneas geliebt wird,
   rēgīna Poenōrum est.   ist die Königin der Punier.

● Das **Relativ-Pronomen** richtet sich in Numerus und Genus nach dem **außerhalb des Relativsatzes** stehenden Wort, das der Relativsatz näher bestimmt (**Beziehungswort:** *locus* ①, *Trōiānī* ②, *Dīdō* ③).

● Der Kasus **des Relativ-Pronomens** wird durch die syntaktische Funktion bestimmt, die das Relativ-Pronomen **innerhalb des Relativsatzes** erfüllt.

● Ein **Relativsatz** kann ebenso wie ein Adjektiv ein Nomen näher bestimmen.   Er kann also – wie ein Adjektiv – die syntaktische Funktion eines Attributs übernehmen.
   Er heißt dann **Attributsatz**.

29

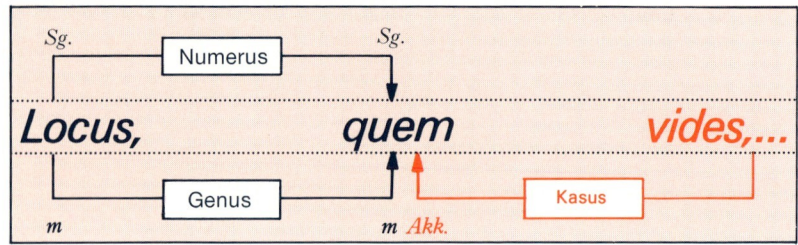

Beachte:

Das auf den Relativsatz hinweisende Pronomen (z. B. **is** *locus*) kann fehlen.

Satzmodell:

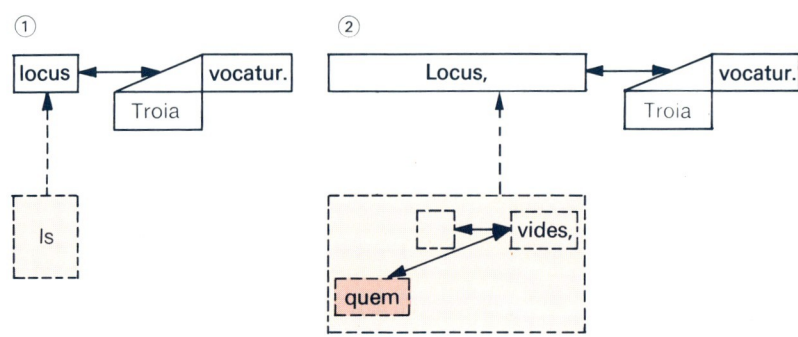

30 **G1:** Demonstrativ-Pronomen HIC
G2: Demonstrativ-Pronomen ILLE

G1 ▶ Demonstrativ-Pronomen HIC

1.1   Deklination

hic, haec, hoc *dieser, diese, dieses*						
	Singular			Plural		
	m	*f*	*n*	*m*	*f*	*n*
N.	hic	haec	hoc	hī	hae	haec
G.		**huius**		hōrum	hārum	hōrum
D.		**huic**			hīs	
Akk.	hunc	hanc	hoc	hōs	hās	haec
Abl.	hōc	hāc	hōc		hīs	

1.2 Verwendung

hic, haec, hoc bezeichnet

1. das unmittelbar vor Augen Stehende (*hic vir:* dieser Mann **hier**),
2. den Besitz der 1. Person (*haec lingua:* diese **unsere** Sprache),
3. das unmittelbar Folgende (*haec respondet:* er antwortet **folgendes**).

G 2 ▶ Demonstrativ-Pronomen ILLE

2.1 Deklinationsschema

ille, illa, illud *jener, jene, jenes*						
	Singular			Plural		
	m	*f*	*n*	*m*	*f*	*n*
N.	ille	illa	illu*d*	ill**ī**	illae	illa
G.		ill**īus**		illōrum	illārum	illōrum
D.		ill**ī**			illīs	
Akk.	illum	illam	illu*d*	illōs	illās	illa
Abl.	illō	illā	illō		illīs	

2.2 Verwendung

ille, illa, illud bezeichnet

1. das entfernter Liegende (*illō annō:* im damaligen Jahr),
2. geschichtlich Berühmtes (*illud Caesaris:* Caesars berühmter Ausspruch).

Bei **Gegenüberstellungen** bezeichnet

hic, haec, hoc **Näherliegendes**,
ille, illa, illud **Entfernteres**.

ILLE	HIC
jener dort	dieser hier
ersterer	letzterer

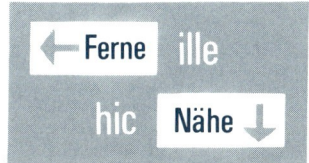

ZUR SYSTEMATISCHEN WIEDERHOLUNG DER LEKTIONEN 21–30

Damit Du auch weiterhin die Übersicht behältst, sind nachfolgend die neu gelernten Erscheinungen wieder für Dich zusammengestellt.

1. Zur Formenlehre
1.1 Nomen
Pronomina:

1.2 Verbum
Tempus/Genus:

Nominalformen:

2. Zur Syntax
2.1 Kasuslehre

2.2 Satzlehre
Zum AcI:

31

G 1: Futur II: Aktiv und Passiv
G 2: Relativischer Satzanschluß

G 1 ▶ Futur II: Aktiv und Passiv

Wenn ich im Lotto
gewonnen habe(n werde)/gewinne,   **werde** ich mir ein Pferd **kaufen**/
kaufe ich mir ein Pferd.

Die im Gliedsatz ausgedrückte Handlung steht immer in einem bestimmten zeitlichen Verhältnis zu der des Hauptsatzes.
Die 1. Handlung *(‚im Lotto gewinnen‘)* muß hier *vor* der 2. Handlung *(‚ein Pferd kaufen‘)* a b g e s c h l o s s e n, gleichsam als Voraussetzung erfüllt sein.
Die 1. Handlung muß in der Zukunft v o l l e n d e t sein *(‚zuerst muß ich im Lotto gewonnen haben‘)*.
Deshalb steht als Tempus für die 1. Handlung die ‚v o l l e n d e t e‘ Z u k u n f t; man nennt sie im Unterschied zum Futur I (↗16 G1) das Futur II.

Das Futur II muß deshalb auf der Zeitflußlinie **vor** dem Futur I eingetragen werden. Die Handlung des **Futur II** ist, von der Handlung des Futur I aus betrachtet, **vorzeitig**.

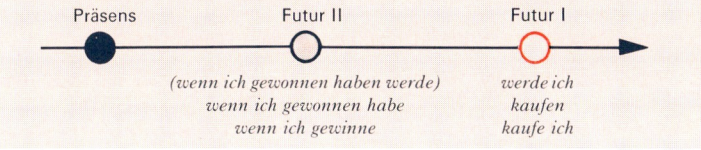

Präsens	Futur II	Futur I
	(wenn ich gewonnen haben werde)	*werde ich*
	wenn ich gewonnen habe	*kaufen*
	wenn ich gewinne	*kaufe ich*

 Im Deutschen werden Zeitverhältnisse in der Zukunft nicht genau bezeichnet. Das Futur II wird mit Präsens oder Perfekt wiedergegeben.

1.1   Aktiv

Bildung

Perfekt-Aktiv-Stamm	Endung		
	Tempus-Zeichen	Person-Zeichen	
vocāv ———	**eri**	t	er wird gerufen haben
implēv ———	**eri**	t	er wird angefüllt haben
petīv ———	**eri**	t	er wird verlangt haben
ī ———	**eri**	t	er wird gegangen sein
fū ———	**eri**	t	er wird gewesen sein

Das **Tempus-Zeichen** des **Futur II** ist **-er-/-eri-**. Es tritt zwischen den Perfekt-Aktiv-Stamm und das Person-Zeichen.

-er-/-eri-
Futur II

Konjugationsschema

ich werde gerufen haben	*ich werde angefüllt haben*	*ich werde gebeten haben*	*ich werde gegangen sein*	*ich werde gewesen sein*
vocáverō	impléverō	petíverō	íerō	fúerō
vocáveris	impléveris	petíveris	íeris	fúeris
vocáverit	impléverit	petíverit	íerit	fúerit
vocāvérimus	implēvérimus	petīvérimus	iérimus	fuérimus
vocāvéritis	implēvéritis	petīvéritis	iéritis	fuéritis
vocáverint	impléverint	petíverint	íerint	fúerint

1.2 Passiv

vocātus, -a, -um **erō**	ich werde gerufen worden sein
vocātī, -ae, -a **eri**mus	wir werden gerufen worden sein
implētus, -a, -um **erō**	ich werde angefüllt worden sein
implētī, -ae, -a **eri**mus	wir werden angefüllt worden sein
petītus, -a, -um **erō**	ich werde gebeten worden sein
petītī, -ae, -a **eri**mus	wir werden gebeten worden sein

Das Passiv des **Futur II** wird gebildet mit dem **PPP** (↗ 25 G 1) und den **Futurformen** von ESSE (↗ 16 G 1.2): **erō, eris** usw.

1.3 Verwendung in Gliedsätzen

① **Sī**
Cum } bene labōrāveris,

Falls } du erfolgreich **gearbeitet hast/**
Wenn } **arbeitest**, (gearbeitet haben wirst,)

gaudēbis

freust du dich. (wirst du dich freuen.)

② **Quī** bene labōrāverit,

Wer erfolgreich **gearbeitet hat/arbeitet**,

gaudēbit.

hat Freude. (wird Freude haben.)

Das **Futur II** wird für die in der Zukunft ‚vollendete' Handlung gesetzt. Es wird vor allem in Gliedsätzen verwendet.
Im **Hauptsatz** steht **Futur I**, im **Gliedsatz Futur II**; dadurch ist ausgedrückt, daß die Handlung des Gliedsatzes **vor** der des Hauptsatzes als abgeschlossen, vollendet zu betrachten ist.

 Im **Deutschen** steht für das Futur II im Gliedsatz entweder Perfekt oder Präsens, für das Futur I im Hauptsatz häufig Präsens.

Das **Futur II** begegnet in

1. **Kondizionalsätzen** (SI: wenn/falls; vgl. engl. *if*) ①,
2. **Temporalsätzen** (CUM: dann . . . wenn/sooft; vgl. engl. *when*) ①,
3. **Relativsätzen** (QUI: wer/derjenige, welcher) ②.

1 G2 ▶ Relativischer Satzanschluß

Trōiānī equum ligneum[1] *simulācrum* putābant;	Die Troianer hielten das hölzerne Pferd für ein Götterbild;
① **quod** in oppidum trānsportāvērunt.	**dieses** brachten sie *(nun)* in die Stadt.
② **quod** *postquam* in oppidum trānsportāvērunt, ā Graecīs superātī sunt.	nachdem sie **(dies)es** *(aber)* in die Stadt gebracht hatten, wurden sie von den Griechen besiegt.

[1] ligneus, -a, -um: hölzern

2.1 Das **Relativ-Pronomen** QUOD leitet in ① und ② einen **selbständigen Satz** ein und stellt eine **enge Verbindung** zu einem Nomen des vorausgehenden Satzes her.

Diese enge Verbindung heißt

> RELATIVISCHER SATZANSCHLUSS.

2.2 Der **relativische Satzanschluß** steht immer an der **Spitze des Satzes**.

In ① steht der relativische Satzanschluß QUOD an der Spitze eines **Hauptsatzes**:

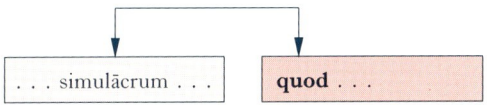

In ② steht der relativische Satzanschluß QUOD an der Spitze eines **Satzgefüges** (↗ 11 G2), das mit dem Gliedsatz beginnt; er steht **vor** der Subjunktion *(postquam)* des Gliedsatzes.

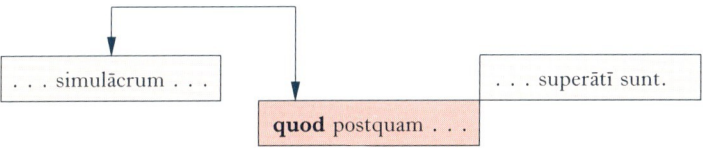

- Im Deutschen wird der relativische Satzanschluß mit **Demonstrativ-Pronomen** *(dieser . . .)* wiedergegeben ① ②.
- Die enge **Verbindung** mit dem vorausgehenden Satz kann im Deutschen durch ein **Bindewort** (z. B. *nun, aber, nämlich*) verdeutlicht werden, das sich aus dem Textzusammenhang ergibt ① ②.
- Wenn der relativische Satzanschluß ein Satzgefüge einleitet, so muß im Deutschen das dafür gesetzte **Demonstrativ-Pronomen in den Gliedsatz** gezogen werden ②.

32   G 1: Perfekt Aktiv: Bildung mit -u-
G 2: Perfekt Aktiv: Bildung mit -s-

G 1 ▶ Perfekt Aktiv: Bildung mit -u-

1.1   Bildung

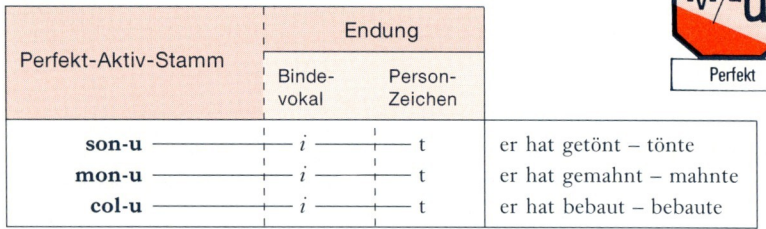

Perfekt-Aktiv-Stamm	Endung	
	Binde-vokal	Person-Zeichen
son-u ————————	*i* ———	t	er hat getönt – tönte
mon-u ————————	*i* ———	t	er hat gemahnt – mahnte
col-u ————————	*i* ———	t	er hat bebaut – bebaute

Perfekt

● Viele Verben bilden das **Perfekt** mit dem **Bildungselement -u-**; dieses ist aus dem ursprünglichen Bildungselement **-v-** (↗21 G1.1: *vocāvit, delēvit, petīvit*) entstanden.

● Das Bildungselement **-u-** tritt bei den Verben der ā-/ē-Konjugation an den verkürzten Präsens-Stamm *son-, mon-* (<*sona-, mone-* ↗L20.2: Vokalschwund).

1.2   Konjugationsschema

Singular		Plural	
mónuī	ich habe gemahnt	monúimus	wir haben gemahnt
monuístī	du hast gemahnt	monuístis	ihr habt gemahnt
mónuit	er/sie/es hat gemahnt	monuérunt	sie haben gemahnt

Zur Bildung der 2. Person Singular und Plural sowie zur 3. Person Plural ↗21 G1.3.

1.3   Verben mit dem Perfekt-Aktiv-Stamm auf -u- haben auch im **PPP** einen **veränderten Verbalstamm**, z. B.

moneō	mónuī	mónitum	monēre	mahnen
terreō	térruī	térritum	terrēre	erschrecken
doceō	dócuī	doctum	docēre	lehren
colō	cóluī	cultum	cólere	bebauen, pflegen

G 2 ▶ Perfekt Aktiv: Bildung mit -s-

2.1   Bildung

Perfekt-Aktiv-Stamm	Endung	
	Binde-vokal	Person-Zeichen
mān-s ————————	*i* ———	t	er ist geblieben – blieb
rī-s ————————	*i* ———	t	er hat gelacht – lachte
scrīp-s ————————	*i* ———	t	er hat geschrieben – schrieb
ces-s ————————	*i* ———	t	er ist gewichen – wich
dūx ————————	*i* ———	t	er hat geführt – führte

2

Zahlreiche Verben bilden das **Perfekt** mit dem **Bildungselement -s-**.

● Bei Verben der ē-Konjugation entfällt vor dem Bildungselement -s- das auslautende -e- des Präsens-Stammes: *man(e)-sit > mansit; *rid(e)-sit > rīsit*.

● Das **Bildungselement -s-** bewirkt in der Regel eine **Änderung des auslautenden Konsonanten** des Präsens-Stammes: *rīsit < rīd-s-it* (↗L28: T-Laut vor -s- nach langem Vokal entfällt).

2.2 Eine **Änderung des stammauslautenden Konsonanten** erfolgt besonders bei den **Verben der Konsonantischen Konjugation**, die das **Perfekt** mit -s- bilden.

Je nach der Art des stammauslautenden Konsonanten nennen wir bei Verben mit harten Verschlußlauten die Perfekt-Bildungen **P-/K-/T-Stämme**.

	Präsens	Perfekt
P-(Labial-)Stamm	z. B. scrīb-ō	scrīpsī (< *scrīb-sī ↗L24)
K-(Guttural-)Stamm	z. B. dūc-ō	dūxī (< *duc-sī ↗L27)
T-(Dental-)Stamm	z. B. cēd-ō	cessī (< *ced-sī ↗L23)

2.3 Verben mit dem **Perfekt-Aktiv-Stamm auf -s-** haben auch im **PPP** oft einen **veränderten Verbalstamm**, z. B.

rīdeō	rīsī	rīsum	rīdēre	lachen
scrībō	scrīpsī	scrīptum	scrībere	schreiben
cēdō	cessī	cessum	cēdere	gehen, weichen

33

G 1: Konsonantische Deklination: Einführung

G 2: Substantive auf -or/-ōris, -ōs/-ōris, -er/-ris, -es/-itis, -ō/-ōnis, -ō/-inis; DUX, SENEX

G 1 ▶ Konsonantische Deklination: Einführung

1.1 Neben der ā- und der o-Deklination gibt es im Lateinischen die sogenannte **Konsonantische Deklination**. Sie heißt ‚konsonantisch‘, weil der Wortstamm ihrer Substantive auf einen **Konsonanten** auslautet.

Die Konsonantische Deklination heißt auch 3. Deklination (im Unterschied zur 1. oder ā-Deklination und 2. oder o-Deklination).

1.2 Die **Bestandteile** eines Substantivs der Konsonantischen Deklination sind:

	Wortstamm	Endung	*Erläuterungen*
N. Sg.	victor	–	Nom. Sg. endungslos
G. Sg.	victōr	is	

1.3 Die **Kasusendungen** der Konsonantischen Deklination lauten:

	Singular	Plural
N./V.	-s *oder* endungslos	-ēs
G	-is	-um
D.	-ī	-ibus
Akk.	-em	-ēs
Abl.	-e	-ibus

● Nominativ, Akkusativ und Vokativ Plural enden gleichermaßen auf **-ēs**.
● Dativ und Ablativ Plural enden gleichermaßen auf **-ibus**.

1.4 Bei vielen Substantiven treten die Kasusendungen an einen veränderten Wortstamm.

G 2 ▶ Konsonantische Deklination

2.1 Substantive auf -or, -ōs, -es, -er; DUX, SENEX

	Wortstamm	Endung	*Erläuterungen*
N. Sg.	victor	–	
G. Sg.	victōr——— is		
N. Sg.	comes	–	< *comet-s (↗L28)
G. Sg.	comit——— is		< *comet-is (↗L17)
N. Sg.	pater	–	Das *-e-* des Nominativ Singular
G. Sg.	patr——— is		gehört nicht zum Stamm.
N. Sg.	dux	–	<*duc-s (↗L27)
G. Sg.	duc——— is		
N. Sg.	senex	–	<*senec-s (↗L27)
G. Sg.	sen——— is		verkürzter Stamm sen-

Deklinationsschema

	Sieger	*Vater*	*Begleiter*	*Führer*	*Greis*
Sg. N./V.	victor	pater	comes	dux	senex
G.	victōris	patris	comitis	ducis	senis
D.	victōrī	patrī	comitī	ducī	senī
Akk.	victōrem	patrem	comitem	ducem	senem
Abl.	*ā* victōre	*ā* patre	*ā* comite	*ā* duce	*ā* sene
Pl. N./V.	victōrēs	patrēs	comitēs	ducēs	senēs
G.	victōrum	patrum	comitum	ducum	senum
D.	victōribus	patribus	comitibus	ducibus	senibus
Akk.	victōrēs	patrēs	comitēs	ducēs	senēs
Abl.	*ā* victōribus	*ā* patribus	*ā* comitibus	*ā* ducibus	*ā* senibus

honōs, -ōris (die Ehre): stammauslautendes *-s* statt *-r*.

Substantive auf **-or, -os, -er, -es** sowie DUX und SENEX sind **Maskulina**.

3 2.2　**Substantive auf ō/-ōnis und -ō/-inis**

	Wortstamm	Endung	Erläuterungen
N. Sg.	regiō	–	< regiōn (↗L26)
G. Sg.	regiōn ——— is		
N. Sg.	multitūdō	–	< multitūdōn (↗L26)
G. Sg.	multitūd*i*n —— is		< multitūdōn-is (↗L17)

Deklinationsschema

		Gegend	*Menge (Masse)*
Sg. N./V.		regiō	multitūdō
G.		regiōn**is**	multitūdin**is**
D.		regiōn**ī**	multitūdin**ī**
Akk.		regiōn**em**	multitūdin**em**
Abl.	*dē*	regiōn**e**	multitūdin**e**
Pl. N./V.		regiōn**ēs**	multitūdin**ēs**
G.		regiōn**um**	multitūdin**um**
D.		regiōn**ibus**	multitūdín**ibus**
Akk.		regiōn**ēs**	multitūdin**ēs**
Abl.	*dē*	regiōn**ibus**	multitūdín**ibus**

Substantive auf **-ō/-ōnis** und **-ō/-inis** sind **Feminina**.

34 **G 1:** Konsonantische Deklination:
Substantive auf -men/-minis, -us/-oris, -us/-eris
G 2: Fragesätze: Interrogativ-Pronomen/-Adverb/-Partikel

G 1 ▶ Konsonantische Deklination:
Substantive auf -men/-minis, -us/-oris, -us/-eris

1.1

	Wortstamm	Endung	Erläuterungen	
N. Sg.	nōmen	–		
G. Sg.	nōmin —— is		< nōmen-is	(↗L17)
N. Sg.	corpus	–	< corp*o*s	(↗L21)
G. Sg.	corpor —— is		< corp*o*s-is	(↗L17; L22)
N. Sg.	foedus	–	< foed*o*s (< foedes)	(↗L21)
G. Sg.	foeder —— is		< foed*e*s-is	(↗L17; L22)

	Name	*Körper*	*Werk*
Sg. N./V.	nōm**en**	corp**us**	op**us**
G.	nōmin**is**	corpor**is**	oper**is**
D.	nōmin**ī**	corpor**ī**	oper**ī**
Akk.	nōm**en**	corp**us**	op**us**
Abl.	nōmin**e**	corpor**e**	oper**e**
Pl. N./V.	nōmin**a**	corpor**a**	oper**a**
G.	nōmin**um**	corpor**um**	oper**um**
D.	nōmín**ibus**	corpór**ibus**	opér**ibus**
Akk.	nōmin**a**	corpor**a**	oper**a**
Abl.	nōmín**ibus**	corpór**ibus**	opér**ibus**

- Wie bei den Neutra der o-Deklination sind Nominativ, Akkusativ und Vokativ im Singular und im Plural gleich.
- **rōbur, rōboris** (Kraft, Stärke) hat im Nominativ Singular den Stammauslaut **-r** beibehalten; es wird wie *corpus* dekliniert.

Substantive auf **-men/-minis, -us/-oris, -us/-eris** sind **Neutra**.

G2 ▶ Fragesätze: Interrogativ-Pronomen/-Adverb/-Partikel

		Frage		Antwort
Wortfragen	① **Quis** Africānus nōminātus est?	**Wer** ist Africanus genannt worden?		*Scīpiō*
	② **Cūr** Scīpiōnī nōmen Africānī datum est?	**Warum** ist Scipio der Name Africanus gegeben worden?		*Quod in Africā Poenōs superāverat.*
Satzfragen	③ **Num** Scīpiōnī nōmen novum datum est?	Ist **etwa** dem Scipio ein neuer Name gegeben worden?		**Nein!**
	④ **Nonne** Scīpiō Rōmam ē summō discrīmine servāvit?	Hat **nicht** Scipio Rom aus höchster Gefahr befreit?		**Ja!**
	⑤ Vacābimús**ne** nunc bellō?	Werden wir jetzt frei sein von Krieg?		**Ja!** *oder* **Nein!**
	⑥ **Utrum** militēs Rōmānōrum rōbore elephantōrum territī **an** lacessītī erant?	Waren die Soldaten der Römer durch die Kraft der Elefanten erschreckt oder herausgefordert worden?		*Lacessītī, nōn territī erant.*

2.1 **Fragesätze** werden im Lateinischen grundsätzlich mit einem **Fragewort** eingeleitet. Sie können als **Wortfragen** oder als **Satzfragen** gestaltet sein.

2.2 **Fragewort** kann sein

- ein **Interrogativ-Pronomen** ① (↗ 14 G 1), z. B. *quis?, quem?, quid?* : **Wortfrage**;
- ein mit diesem verwandtes **Interrogativ-Adverb** ② (↗ 14 G 1), z. B. *cūr? ubī?* : **Wortfrage**;
- eine **Interrogativ-Partikel** ③ ④ ⑤, wobei hier auf die Frage die Antwort **Ja**, **Nein** bzw. beides erwartet wird: **Satzfrage**.

Durch die Wahl der Frage-Partikel deutet der Fragende in solchen Fällen bereits an, welche Antwort er erwartet:

NUM („etwa") zielt auf die Antwort **Nein**.

NONNE („nicht", „denn nicht") zielt auf die Antwort **Ja**.

-NE (unübersetzt) läßt die Antwort **Ja** oder **Nein** offen.

-ne wird jeweils an das Wort angehängt, das in der Frage betont ist und deshalb am Satzanfang steht (↗ L 15: Betonung).

2.3 **Wahlfragen**, die vom Befragten die Entscheidung für eine von zwei möglichen Antworten fordern, werden mit den **Interrogativ-Partikeln** UTRUM (unübersetzt) und AN („oder") gestaltet ⑥.

35

G 1: Konsonantische Deklination: Substantive auf -ās/-ātis, -ūs/-ūtis

G 2: Zur Kasuslehre: Genitiv und Ablativ der Beschaffenheit

G 1 ▶ Konsonantische Deklination: Substantive auf -ās/-ātis, -ūs/-ūtis

1.1

	Wortstamm	Endung	Erläuterungen
N. Sg.	calamitās	–	< calamität-s (↗ L 28; L 26.1)
G. Sg.	calamität —— is		
N. Sg.	virtūs	–	< virtūt-s (↗ L 28; L 26.1)
G. Sg.	virtūt —— is		

1.2 Deklinationsschema

	Unglück	*Unglücksfälle*	*Tüchtigkeit*	*Vorzüge*
N./V.	calamitās	calamitātēs	virtūs	virtūtēs
G.	calamitātis	calamitātum	virtūtis	virtūtum
D.	calamitātī	calamitātibus	virtūtī	virtūtibus
Akk.	calamitātem	calamitātēs	virtūtem	virtūtēs
Abl.	calamitāte	calamitātibus	virtūte	virtūtibus

Substantive auf **-ās, -ātis** und **-ūs, -ūtis** sind **Feminina**.

G 2 ▶ Zur Kasuslehre: Genitiv und Ablativ der Beschaffenheit

2.1 Genitiv der Beschaffenheit (Genitivus qualitatis)

① vir māgnī animī   ein Mann **von hoher** Gesinnung,
                   ein **hochherziger** Mann

     homō extrēmae audāciae   ein Mensch **von** äußerster Kühnheit

② Scīpiō summae virtūtis erat.   Scipio **war von** höchster Tapferkeit.
                                 (war höchst tapfer)

Da der **Genitiv** auch Kasus der **Zugehörigkeit** ist, bezeichnet er die **kennzeichnende Eigenschaft** einer *Person* oder die **genaue Beschaffenheit** einer *Sache* (**Genitivus qualitatis**).

2.2 Ablativ der Beschaffenheit (Ablativus qualitatis)

① vir summō studiō   ein Mann **von** höchstem Eifer
                     (ein höchst eifriger Mann)

② Scīpiō māgnā auctōritāte erat.   Scipio war **von** hohem Ansehen.
                               (. . . genoß hohes Ansehen.)

Auch der Ablativ kann **körperliche** und **geistig-seelische** Eigenschaften bezeichnen (**Ablativus qualitatis**).

Der **Genitivus qualitatis** und der **Ablativus qualitatis** können als **Attribut** ① oder als **Prädikatsnomen** ② verwendet sein.

 In der Wiedergabe des Genitivus/Ablativus qualitatis verwendet man die Präposition „von" oder man wählt einen adjektivischen Ausdruck.

36

G 1: ĭ-Deklination: Reine ĭ-Stämme
G 2: Grundzahlen 1–10

G 1 ▶ ĭ-Deklination: Reine ĭ-Stämme

1.1 Eng verwandt mit der Konsonantischen Deklination (↗33 G1) ist die **ĭ-Deklination**. Sie wird so genannt, weil die Stämme der zu ihr gehörigen Substantive auf **-ĭ-** auslauten.

Die ĭ-Stämme haben den Auslaut **-ĭ-** in den meisten Kasus des **Singular und Plural** bewahrt: **Reine ĭ-Stämme**.

1.2

	Wortstamm	Endung				Wortstamm	Endung	
N. Sg.	turrĭ —— s			N. Pl.	turr —— ēs		< turrĭ-es
G. Sg.	(turr —— is)		*vgl.* class-is	G. Pl.	turrĭ —— um		(↗L19)
N. Sg.	marĕ	–	< marĭ	N. Pl.	marĭ —— a		
G. Sg.	(mar —— is)		(↗L21.1)	G. Pl.	marĭ —— um		
N. Sg.	animal	–	< animāle	N. Pl.	animālĭ —— a		
G. Sg.	(animāl —— is)		(↗L20.2)	G. Pl.	animālĭ —— um		

1.3 Deklinationsschema

		der/ein Sieger	*der/ein Turm*	*das/ein Meer*	*das/ein Tier*
Sg.	N./V.	victor	turris	mare	animal
	G.	victōr**is**	turr**is**	mar**is**	animāl**is**
	D.	victōr**ī**	turr**ī**	mar**ī**	animāl**ī**
	Akk.	victōr**em**	turr**im**	mare	animāl
	Abl.	*ā* victōr**e**	turr**ī**	mar**ī**	animāl**ī**
Pl.	N./V.	victōr**ēs**	turr**ēs**	mar**ia**	animāl**ia**
	G.	victōr**um**	turr**ium**	mar**ium**	animāl**ium**
	D.	victōr**ibus**	turr**ibus**	mar**ibus**	animāl**ibus**
	Akk.	victōr**ēs**	turr**īs(ēs)**	mar**ia**	animāl**ia**
	Abl.	*ā* victōr**ibus**	turr**ibus**	mar**ibus**	animāl**ibus**
		Konsonantische Deklination	ĭ-Deklination: Reine ĭ-Stämme		

Die **Substantive** auf **-is** sind **Feminina**, die **Substantive** auf **-e** und **-l** sind **Neutra**.

1.4 Die Deklination von **vīs** ist im Singular **unvollständig**:

	Kraft	*(Streit-)Kräfte*
	Singular	Plural
N.	vīs	vīrēs
G.	–	vīrium
D.	–	vīribus
Akk.	vim	vīrēs
Abl.	vī	vīribus

vīs ist **Femininum**.

Grundzahlen *(Cardinalia)*
bezeichnen Mengen von Lebewesen, Gegenständen oder Begriffen,
z. B. drei Legionen, sechs Häuser, zehn Jahre.

2.1   **Grundzahlen UNUS, DUO, TRES**

Die Grundzahlen **ūnus, duo, trēs** sind **deklinierbar**.

Grundzahl UNUS, UNA, UNUM

ūnus	homō	*ein Mensch*
ūna	fābula	*eine Geschichte*
ūnum	exemplum	*ein Beispiel*

	m	*f*	*n*
N.	ūnus	ūna	ūnum
G.		ūn**ius**	
D.		ūn**ī**	
Akk.	ūnum	ūnam	ūnum
Abl.	ūnō	ūnā	ūnō

Das Zahlwort **ūnus, ūna, ūnum**
hat in allen Geschlechtern
im Genitiv die Endung **-īus**,
im Dativ die Endung **-ī**.

Grundzahl DUO, DUAE, DUO

duo	hominēs	*zwei Menschen*
duae	fābulae	*zwei Geschichten*
duo	exempla	*zwei Beispiele*

	m	*f*	*n*
N.V.	duo	duae	duo
G.	duōrum	duārum	duōrum
D.	duō**bus**	duā**bus**	duō**bus**
Akk.	duōs(duo)	duās	duo
Abl.	duō**bus**	duā**bus**	duō**bus**

Das Zahlwort **duo, duae, duo**
hat eine **besondere Deklination**.

Grundzahl TRES, TRIA

trēs	hominēs	*drei Menschen*
trēs	fābulae	*drei Geschichten*
tria	exempla	*drei Beispiele*

	m/f		*n*
N./V.	trēs	trēs	tria
G.		tri**um**	
D.		tri**bus**	
Akk.	trēs	trēs	tria
Abl.		tri**bus**	

Das Zahlwort **trēs, tria** wird wie
der Plural der **Substantive der**
ĭ-Deklination (↗G 1.3) gebeugt.

2.2   **Grundzahlen QUATTUOR bis DECEM**

Die Grundzahlen **quattuor** bis **decem** sind **nicht deklinierbar**.

4 quattuor	6 sex	8 octō	10 decem
5 quīnque	7 septem	9 novem	

G 1 ▶ Konsonantische Deklination: Mischklasse

1.1 Bildung

	Feminina					
	Wortstamm	Endung		Wortstamm	Endung	
N. Sg.	urb —— s		N. Pl.	urb —— ēs		< urb*i*-es (↗L19)
G. Sg.	urb —— is		G. Pl.	urb*i* —— um		
N. Sg.	av —— is		N. Pl.	av —— ēs		< av*i*-es (↗L19)
G. Sg.	av —— is		G. Pl.	av*i* —— um		

● **urbs** und **avis** haben

im **Singular** die Endungen der **Konsonantischen Deklination** (↗33 G1.3),
im **Plural** die Endungen der **ī-Deklination** (↗36 G1.1).

Die Endungen sind also verschiedenen Deklinationen „entnommen";
die Deklination ist „gemischt". Wir bezeichnen die Deklination als **Mischklasse**.

● Substantive der Mischklasse können – im Verhältnis des Nom. Sg. zu den anderen
Kasus – ungleichsilbig *(urbs, urbis)* oder gleichsilbig *(avis, avis)* sein.

Zur Mischklasse zählen auch Substantive auf *-ēs, -is* (z. B. *rūpēs, -is* Felswand, Klippe).

1.2 Ungleichsilbige Substantive

Deklinationsschema

	die/eine Stadt	
	Singular	Plural
N./V.	urb**s**	urb**ēs**
G.	urb**is**	urb**ium**
D.	urb**ī**	urb**ibus**
Akk.	urb**ēm**	urb**ēs**
Abl.	urb**e**	urb**ibus**

Ungleichsilbige Substantive der Mischklasse mit der Nominativendung *-s* sind in
der Regel **Feminina**, z. B. *urbs clāra, nox iūcunda, arx praeclāra, gēns firma.*

1.3   Gleichsilbige Substantive

Deklinationsschema

	der/ein Vogel	
	Singular	Plural
N./V.	av**is**	av**ēs**
G.	av**is**	av**ium**
D.	av**ī**	av**ibus**
Akk.	av**em**	av**ēs**
Abl.	av**e**	av**ibus**

Substantive auf *-ēs, -is* (z. B. *rūpēs, -is* die Felswand) werden wie die auf *-is, -is* (z. B. *avis, -is*) dekliniert.

Gleichsilbige Substantive der Mischklasse sind **Feminina** (z. B. *avis pulchra*) oder **Maskulina** (z. B. *orbis lātus, fīnis extrēmus*).

Beachte:

Der **Genitiv Plural** von *canis, -is* (der Hund), *iúvenis, -is* (der junge Mann) und *sēdēs, -is* (der Wohnsitz) endet auf **-um**, also *can**um**, *iúven**um**, *sēd**um***.

G 2 ▶ Interrogativ-Pronomen: adjektivischer Gebrauch

2.1   **Verwendung**

Quī mūrus alt**us** est?	Welche Mauer ist hoch?
Quae regiō pulchr**a** est?	Welche Gegend ist schön?
Quod aedificium long**um** est?	Welches Gebäude ist lang?
Quōs mūrōs iam spectāvistī?	Welche Mauern hast du schon betrachtet?
Quās regiōnēs iam vīsitāvistī?	Welche Gegenden hast du schon besucht?
Quae aedificia nōn īgnōrās?	Welche Gebäude kennst du gut?

Das **Interrogativ-Pronomen** (↗ 14 G 1) kann auch wie ein **adjektivisches Attribut** zu einem Substantiv hinzutreten (**adjektivischer Gebrauch**). Es stimmt dann in Kasus, Numerus und Genus (KöNiGs-Regel) mit diesem Substantiv überein.

2.2   **Deklinationsschema**

quī? quae? quod? – *welcher? welche? welches?*					
	Singular			Plural	
	m	*f*	*n*	*m*	*f*	*n*
N.	quī	quae	quo*d*	quī	quae	qua*e*
G.		cu**ius**		quōrum	quārum	quōrum
D.		cu**i**			quibus	
Akk.	quem	quam	quo*d*	quōs	quās	qua*e*
Abl.	quō	quā	quō		quibus	

Das adjektivische Interrogativ-Pronomen wird wie das Relativ-Pronomen (↗ 29 G 1.2) dekliniert.

38

G 1 ▶ ī-Deklination: Adjektive

Zur ī-Deklination (↗36 G1) gehören auch Adjektive. Die meisten Kasusendungen dieser Adjektive stimmen mit denen der Konsonantischen Deklination (↗33 G1.3) überein.

Den Stammauslaut **-i-** haben diese Adjektive in folgenden Kasus bewahrt:
-ī im Ablativ Singular,
-ium im Genitiv Plural,
-ia im Nominativ und Akkusativ (Vokativ) Plural des Neutrums.

1.1 Dreiendige Adjektive

Als **dreiendig** bezeichnet man diejenigen Adjektive, die im **Nominativ/Vokativ Singular** für jedes der **drei** Geschlechter eine eigene Endung haben.

Im Genitiv, Dativ und Ablativ Singular und Plural haben diese Adjektive jedoch für alle drei Geschlechter nur e i n e Endung.

1.2 Deklinationsschema

		canis celer *ein schneller Hund* avis celeris *ein schneller Vogel* animal celere *ein schnelles Tier*			canis ācer *ein bissiger Hund* īra ācris *ein heftiger Zorn* bellum ācre *ein heftiger Krieg*		
		m	*f*	*n*	*m*	*f*	*n*
Singular	N./V.	celer	celer**is**	celere	ācer	ācr**is**	ācre
	G.		celer**is**			ācr**is**	
	D.		celer**ī**			ācr**ī**	
	Akk.	celer**em**		celere	ācr**em**		ācre
	Abl.		celer**ī**			ācr**ī**	
Plural	N./V.	celer**ēs**		celer**ia**	ācr**ēs**		ācr**ia**
	G.		celer**ium**			ācr**ium**	
	D.		celer**ibus**			ācr**ibus**	
	Akk.	celer**ēs**		celer**ia**	ācr**ēs**		ācr**ia**
	Abl.		celer**ibus**			ācr**ibus**	

Bei den **dreiendigen** Adjektiven der ī-Deklination auf **-r** gehört das **-e-**
entweder **zum Stamm** (z. B. *celer, celeris, celere* ; Stamm: *celer-*)
oder es ist nur im Nominativ/Vokativ Singular des Maskulinum **eingeschoben**
(z. B. *ācer, ācris, ācre* ; Stamm: *ācr-*; ↗33 G2.1: *patr-*).

G2 ▶ **i-Deklination: Zweiendige und einendige Adjektive**

2.1 Als **zweiendig** bezeichnet man diejenigen Adjektive, bei denen das **Maskulinum** und das **Femininum** in den Endungen übereinstimmen.

Nur die Deklination des Neutrums hat in Nominativ, Akkusativ, Vokativ Singular und Plural eine eigene Endung.

Deklinationsschema

		omnis locus	*jeder Ort*	
		omnis via	*jeder Weg*	
		omne animal	*jedes Lebewesen*	

	Singular		Plural	
	m/f	*n*	*m/f*	*n*
N./V.	omnis	omne	omnēs	omnia
G.	omnis		omnium	
D.	omnī		omnibus	
Akk.	omnem	omne	omnēs	omnia
Abl.	omnī		omnibus	

2.2 Als **einendig** bezeichnet man diejenigen Adjektive, bei denen die Deklination von **Maskulinum, Femininum** und **Neutrum** übereinstimmt.

Eigene Endungen haben nur folgende Kasus des **Neutrum:**

Akkusativ (wie Nominativ/Vokativ) Singular: -s (-x)
Nominativ, Akkusativ, Vokativ Plural: -ia

Deklinationsschema

		dolor ingēns	*ein ungeheurer Schmerz*	puer fēlīx	*ein glücklicher Knabe*
		terra ingēns	*ein riesiges Land*	patria fēlīx	*eine glückliche Heimat*
		animal ingēns	*ein gewaltiges Tier*	ōmen fēlīx	*ein glückliches Vorzeichen*

		m/f	*n*	*m/f*	*n*
Singular	N./V.	ingēns		fēlīx	
	G.	ingentis		fēlīcis	
	D.	ingentī		fēlīcī	
	Akk.	ingentem	ingēns	fēlīcem	fēlīx
	Abl.	ingentī		fēlīcī	
Plural	N./V.	ingentēs	ingentia	fēlīcēs	fēlīcia
	G.	ingentium		fēlīcium	
	D.	ingentibus		fēlīcibus	
	Akk.	ingentēs	ingentia	fēlīcēs	fēlīcia
	Abl.	ingentibus		fēlīcibus	

G 1 ▶ Partizip Präsens Aktiv

1.1 Bildung bei ā-/ē-/Konsonantischer Konjugation

Das Lateinische kennt wie das Deutsche neben dem Partizip Perfekt Passiv (PPP ↗25 G1) auch ein **Partizip Präsens**, das **aktivische Bedeutung** hat.

deutsch	lateinisch
rufe-**nd**	vocā-**ns**
rufe-**nd**e	voca-**nt**ēs
mahne-**nd**	monē-**ns**
mahne-**nd**e	mone-**nt**ēs
führe-**nd**	dūcē-**ns**
führe-**nd**e	dūce-**nt**ēs

-nt-

Partizip Präsens

Das **Partizip Präsens Aktiv** wird gebildet, indem an den Präsens-Stamm das Zeichen des **Partizip Präsens Aktiv** (PPrA) **-nt-** gesetzt wird; an dieses treten die Endungen.

	Partizip-Präsens-Aktiv-Stamm		Endung	Partizip Präsens Aktiv
	Präsens-Stamm	PPrA-Zeichen		
N. Sg.	*vocā —	-nt- —	-s	> **vocāns** (↗L 26)
G.	vocā —	-nt- —	-is	> **vocantis**
N.	*monē —	-nt- —	-s	> **monēns** (↗L 26)
G.	monē —	-nt- —	-is	> **monentis**
N.	*dūc-e —	-nt- —	-s	> **dūcēns** (↗L 26)
G.	dūc-e —	-nt- —	-is	> **dūcentis**

Deklinationsschema

vocāns,-ntis *rufend*			
Singular		Plural	
m/f	*n*	*m/f*	*n*
N./V.	vocāns	vocāns	vocantēs	vocantia
G.	vocant**is**		vocant**ium**	
D.	vocant**ī**		vocant**ibus**	
Akk.	vocant**em**	vocāns	vocant**ēs**	vocant**ia**
Abl.	vocant**e**		vocant**ibus**	

-e

Die Deklination des Partizip Präsens Aktiv stimmt mit der der **einendigen** Adjektive der ī-Stämme (↗38 G2.2: *ingēns, ingentis*) überein. Ausnahme: **Ablativ Singular -e**.

1.2 Bildung des Partizip Präsens Aktiv von IRE

Das Verbum IRE bildet das Partizip Präsens Aktiv von verschiedenen Wortstämmen:

Nominativ Singular	alle anderen Formen
iēns	**euntis, euntī . . . euntēs**

Nominativ Singular vom Wortstamm *i-* (vor hellem Vokal *-e*), alle anderen Formen vom Wortstamm *e-* (vor dem dunklen Vokal *-u*, vgl. *e-unt* ↗19 G1.1).

G2 ▶ Verwendung im Satz

①	*Deī* gentēs mortuōrum **regentēs** Plūtō et Prōserpina nōminantur.	Die über die Totenvölker **herrschenden** Götter (Die Götter, **die** über die Totenvölker **herrschen,**) heißen Pluto und Proserpina.
②	*Orpheus* vōce dulcī **cantāns** Prōserpinam movet.	Orpheus rührt, (mit lieblicher Stimme **singend**) **indem/weil** er mit lieblicher Stimme singt, die Proserpina. (als ‚Singender‘)
③	Charōn *Orpheum* **redeuntem** et **ōrantem** arcet.	Charon weist Orpheus ab, **als** er **zurückkommt** und **obwohl** er bittet. (als ‚Zurückkommenden . . .‘)

2.1 Kongruenz

Das Partizip Präsens Aktiv bezieht sich auf ein bestimmtes Satzglied; mit diesem stimmt es in **K**asus, **N**umerus und **G**enus überein *(Kongruenz)*, z. B. mit Nom. Plural ①, Nom. Singular ②, Akk. Singular ③.

KASUS
NUMERUS
GENUS

KöNiGs-Regel

2.2 Funktion

In ① übernimmt das Partizip *regentēs* die syntaktische Funktion eines **Attributs** (↗S8); es bestimmt – wie ein relativer **Attributsatz** (↗29 G2) – das Beziehungswort *deī* genauer; es wird auch zumeist mit einem **Relativsatz** wiedergegeben (↗ 29 G2).

In ② und ③ enthalten die Partizipien *cantāns* bzw. *redeuntem/ōrantem* eine Information über die Umstände, unter denen sich der jeweilige Prädikatsvorgang vollzieht; sie übernehmen als **Praedicativa** (↗13 G2) die syntaktische Funktion des **Adverbiale** (↗S6; 2 G2).

Im Satzmodell:

Partizip Präsens als Attribut **Partizip Präsens als Adverbiale**

2.3 Sinnrichtungen

Das **adverbial gebrauchte Partizip** kann **verschiedene Sinnrichtungen** ausdrücken; die passende Sinnrichtung muß aus dem jeweiligen Satzzusammenhang erschlossen werden.

Adverbial gebrauchtes Partizip	*Sinnrichtung* des Adverbiales	*Übersetzung* mit adverbialem Gliedsatz (↗ 11 G2)
② Orpheus cantāns	*modal* (Art und Weise) *kausal* (Grund)	**indem** ⎫ **weil** ⎭ er singt
③ Orpheum redeuntem et ōrantem	*temporal* (Zeit) *konzessiv* (Gegengrund)	**als** er zurückkommt **obwohl** er bittet

40

G 1: Demonstrativ-Pronomen ISTE

G 2: Adverb

G 1 ▶ ISTE

1.1 Deklinationsschema

	iste, ista, istud *dieser dein, diese deine, dieses dein – dieser da, diese da, dieses da*					
	Singular			Plural		
	m	*f*	*n*	*m*	*f*	*n*
N./V.	iste	ista	istu*d*	istī	istae	ista
G.	ist**īus**			istōrum	istārum	istōrum
D.	ist**ī**			istīs		
Akk.	istum	istam	istu*d*	istōs	istās	ista
Abl.	istō	istā	istō	istīs		

Die Endung des **Genitiv Singular** lautet **-ius**, die Endung des **Dativ Singular** lautet **-ī** (wie bei allen Pronomina). Beachte im Neutrum Singular: istu*d* (↗ 22 G 1.1: i*d*).

1.2 Verwendung

① **Ista** fābula nōbīs placet.	**Diese deine/eure** Geschichte gefällt uns.
② **Iste** poëta mala nārrāvit.	**Dieser miserable** Dichter **da** hat üble Geschichten erzählt.

Das Demonstrativ-Pronomen **iste** weist

● entweder auf eine **angesprochene (zweite) Person** hin ①
● oder kann ein **abwertendes Urteil** ausdrücken ②.

G2 ▶ Adverb

2.1 Bildung

Nominativ	Wortstamm	Adverb	
① doctus	doct-	doct-**ē**	gebildet
miser	miser-	miser-**ē**	jämmerlich
pulcher	pulch r-	pulchr-**ē**	schön
② celer	celer-	celer-**iter**	schnell
ācer	āc r-	ācr-**iter**	heftig
atrōx	atrōc-	atrōc-**iter**	schrecklich
③ prūdēns	prūdent-	prūdent-**er**	klug

① Das Adverb der Adjektive der **ā-/o-Deklination** wird gebildet, indem man an den Wortstamm **-ē** hängt.

Beachte:
Das Adverb zu *bonus* lautet **bene**.

② Das Adverb der Adjektive der **ĭ-Deklination** wird gebildet, indem man an den Wortstamm **-iter** hängt.

③ Bei den **einendigen Adjektiven der ĭ-Deklination** auf **-nt-** tritt an den Wortstamm *(prūdent-)* die Endung **-er**.

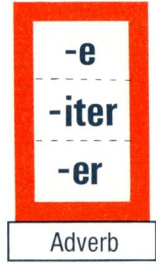

2.2 Verwendung im Satz

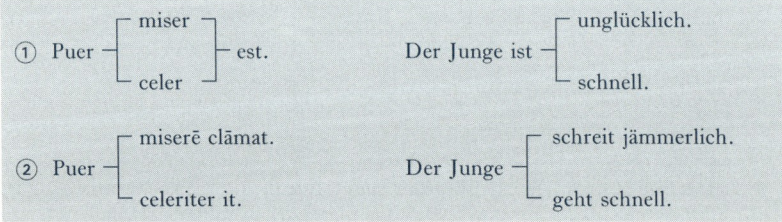

0

In Satz ① ist das Adjektiv *miser/celer* als **Prädikatsnomen** die sinn-notwendige Ergänzung des Hilfszeitwortes EST *(Copula)*, mit dem zusammen es das Prädikat bildet.

In Satz ② liegt eine vom Adjektiv *miser/celer* abgeleitete Wortbildung vor. Diese tritt als nähere Angabe zum Verbum (im Satz also zum Prädikat). Man nennt sie deshalb **Adverb** (Plural: Adverbien).

Das Adverb erfüllt im Satz die Funktion des **Adverbiale** (↗ 2 G2).

Satzmodelle:

Man findet das **Adverbiale** mit der Frage:

WIE? AUF WELCHE WEISE?

ZUR SYSTEMATISCHEN WIEDERHOLUNG DER LEKTIONEN 31–40

Du hast wieder einen großen Schritt nach vorn gemacht. Damit Du die neu hinzugelernten Erscheinungen leichter wiederholen kannst, sind sie im folgenden übersichtlich zusammengestellt:

41

> Der Modus des Verbums zeigt die ‚Art und Weise' an, wie das Geschehen oder Sein aufgefaßt ist.
>
> Der **Indikativ** drückt aus, daß das Geschehen oder das Sein als **wirklich, tatsächlich** aufgefaßt wird.
>
> Der **Konjunktiv** drückt aus, daß das Geschehen oder Sein als **möglich, erwünscht, vorstellbar** oder als **nicht-wirklich** aufgefaßt wird.

G 1 ▶ Konjunktiv Präsens: Aktiv und Passiv

1.1 Bildung

Das **Modus-Zeichen** des **Konjunktiv Präsens** ist

-e- für die ā-Konjugation,

-a- für die ē-Konjugation, Konsonantische Konjugation
  und für IRE,

-i- für ESSE.

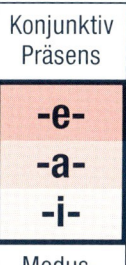

Konjunktiv
Präsens

-e-
-a-
-i-

Modus-
Zeichen

voce - m	dēle - **a** - m	dūc - **a** - m	e - **a** - m	s - **i** - m

In der ā-Konjugation werden die zusammenstoßenden Vokale -*a*- und
-*e*- zu -*ē*- zusammengezogen (↗L 19: *Kontraktion*).

Bei *sim* tritt das Modus-Zeichen -*i*- an den abgeschwächten Stamm *s*-
(↗L16.1).

1.2 Konjugationsschema

ā-Konjugation	ē-Konjugation	Kons. Konj.	IRE	ESSE
Aktiv				
vócem	vídeam	dúcam	éam	sim
vócēs	vídeās	dúcās	éās	sīs
vócet	vídeat	dúcat	éat	sit
vocémus	videámus	dūcámus	eámus	sīmus
vocétis	videátis	dūcátis	eátis	sītis
vócent	vídeant	dúcant	éant	sint
Passiv				
vócer	vídear	dúcar		
vocéris	videáris	dūcáris		
vocétur	videátur	dūcátur		
vocémur	videámur	dūcámur		
vocéminī	videáminī	dūcáminī		
vocéntur	videántur	dūcántur		

POSSE bildet den Konjunktiv Präsens nach dem von ESSE, also *possim, possīs* usw.

41 G2 ▶ Konjunktiv Präsens: Verwendung

2.1 Im Hauptsatz

> ① **Wunsch** in der Gegenwart *(Optativ)*
> Servēs ⌐
> Servētis ⌐ nōs!
> **Könntest du** ⌐
> **Könntet ihr** ⌐ uns retten!
>
> ② **Aufforderung** an die 3. Person *(Jussiv)*
> Abeat! **Er soll** verschwinden!
>
> ③ **Aufforderung** an die 1. Person Plural *(Hortativ)*
> Properēmus! **Wollen wir** uns beeilen!
> Beeilen wir uns!
> Nē dēspērēmus! **Laßt uns nicht** verzweifeln!

Beachte:

Die **Verneinung** für den Konjunktiv Präsens als Modus des Wunsches und der Aufforderung ist immer NE.

ne!

2.2 Im Gliedsatz

> ① **Abhängiger Fragesatz**
> **Quid** vōbīs ita perīculōsum sit, **Was** für euch so gefährlich ist,
> nōn appāret. ist nicht klar.
> Ignōrō, Ich weiß nicht,
> **cūr** timeātis. **warum** ihr Angst habt.
>
> ② **Abhängiger Begehrsatz**
> Postulātis, Ihr verlangt,
> **ut** vōbīs auxilium mitt**am**. / **daß** ich euch Hilfe schicke
> (euch Hilfe **zu** schicken). /
> **nē** abe**am**. **daß** ich **nicht** weggehe
> (**nicht** weg**zu**gehen).
>
> ③ **Folgesatz**
> Estne perīculum *tantum,* Ist die Gefahr *so groß,*
> **ut** perīre poss**ītis**? / **daß** ihr zugrunde gehen könnt? /
> **ut nōn** iam tūtī s**ītis**? **daß** ihr **nicht** mehr sicher seid?
>
> ④ **Absichtsatz**
> Adiuvō vōs, Ich helfe euch,
> **ut** servēmin**ī**. / **damit** ihr gerettet werdet. /
> **nē** pereātis. **damit** ihr **nicht** zugrunde geht.

 Im Deutschen wird der Konjunktiv Präsens des lateinischen *Gliedsatzes* in der Regel mit dem Indikativ wiedergegeben.

Der Konjunktiv läßt sich bei abhängigen Begehrsätzen ② häufig auch mit dem Infinitiv wiedergeben.

1

Zur syntaktischen Funktion der Gliedsätze:

Gliedsätze erfüllen im Satz die **syntaktische Funktion** des Subjekts, des Objekts oder des Adverbiales.

Gliedsatz als Subjekt:

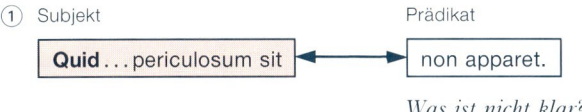

Was ist nicht klar?

Gliedsatz als Objekt:

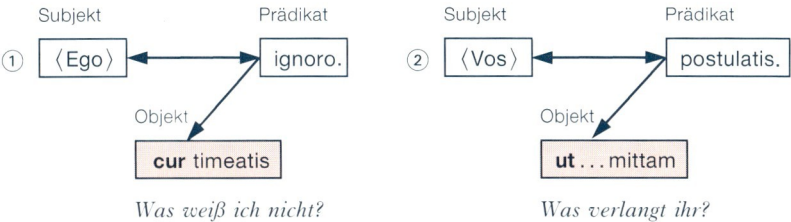

Was weiß ich nicht?   *Was verlangt ihr?*

Gliedsatz als Adverbiale:

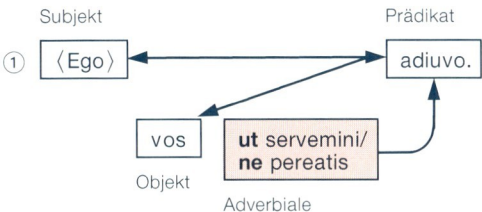

In welcher Absicht / Aus welchem Grunde helfe ich euch?

42

G1: Konjunktiv Perfekt: Aktiv und Passiv
G2: Konjunktiv Perfekt: Verwendung

G1 ▶ Konjunktiv Perfekt

1.1 Aktiv

Der **Konjunktiv Perfekt Aktiv** wird gebildet, indem zwischen den Perfekt-Aktiv-Stamm und das Person-Zeichen das **Modus-Zeichen -eri-** tritt.

Perfekt-Aktiv-Stamm	Endung	
	Modus-Zeichen	Person-Zeichen
vocāv ——————	**eri** ————	t
monu ——————	**eri** ————	t
scrīps ——————	**eri** ————	t
dūx ——————	**eri** ————	t
i ——————	**eri** ————	t
fu ——————	**eri** ————	t

Konjunktiv Perfekt Aktiv
-eri-
Modus-Zeichen

Das Modus-Zeichen *-eri-* besteht aus der Erweiterungssilbe *-er-* (<*-is*, das vor Vokal zu *-er-* wird: Rhotazismus ↗L 22) und dem Vokal *-i-*, der den Modus anzeigt.

Konjugationsschema

ā-Konjugation	ē-Konjugation	Kons. Konj.	IRE	ESSE
vocā́verim	monúerim	dū́xerim	íerim	fúerim
vocā́veris	monúeris	dū́xeris	íeris	fúeris
vocā́verit	monúerit	dū́xerit	íerit	fúerit
vocāvérimus	monuérimus	dūxérimus	iérimus	fuérimus
vocāvéritis	monuéritis	dūxéritis	iéritis	fuéritis
vocā́verint	monúerint	dū́xerint	íerint	fúerint

1.2 Passiv

Der **Konjunktiv Perfekt Passiv** wird gebildet mit dem PPP (↗25 G1) und den Formen des Konjunktiv Präsens von ESSE: sim, sīs usw. (↗41 G1.2).

Beispiele

vocāre:	vocātus sit	terrēre:	térritus sit	petere:	petítus sit
implēre:	implētus sit	docēre:	doctus sit	dūcere:	ductus sit

Vollständiges Konjugationsschema ↗Tab. V₄.

2 G 2 ▶ Konjunktiv Perfekt: Verwendung

2.1   Der **Konjunktiv Perfekt** begegnet fast ausschließlich **in Gliedsätzen**:

Abhängiger Fragesatz:

① Rogō,   Ich frage,
    cūr ita **clāmētis/**   *warum* ihr so schreit/
        clāmāveritis.   geschrien habt.
    quid vōbīs nōn plac**eat/**   *was* euch nicht gefällt/
        plac**uerit.**   gefallen hat.

② Narrāte,   Erzählt,
    ubī amīcī **sint/fuerint!**   *wo* die Freunde sind/gewesen sind!
    quāle perīculum ade**ātis/**   *in welche* Gefahr ihr geratet/
        adieritis!   geraten seid!
    ā quō lacess**āminī/**   *von wem* ihr gereizt werdet/
        lacessītī **sītis!**   gereizt worden seid!

Adverbialsatz zur Angabe des Grundes:

③   *Cum* tantus furor vōs invād**at/**   *Da/weil* euch solche Raserei überkommt/
                                invās**erit,**   überkommen hat,
    timōre impleor.   bin ich voller Furcht.

Im *Hauptsatz* steht der Konjunktiv Perfekt mit NE vor allem zur Bezeichnung des verneinten Befehls als sog. Prohibitiv, z. B.

Nē vocāveris!   Rufe nicht!

2.2   Angabe der Zeitverhältnisse

Der **Konjunktiv Präsens** (↗ 41 G.1.2) steht,
wenn die Aussage des Gliedsatzes **zeitgleich** mit der des Hauptsatzes ist:
Gleichzeitigkeit (vgl. . . . *clāmētis, placeat, sītis, adeātis, lacessāminī, invādat*).

> KONJUNKTIV DER GLEICHZEITIGKEIT

Der **Konjunktiv Perfekt** steht,
wenn die Aussage des Gliedsatzes zeitlich **vor** der des Hauptsatzes liegt:
Vorzeitigkeit (vgl. . ., *clāmāveritis, placuerit, fueritis, adieritis, lacessītī sītis, invāserit*).

> KONJUNKTIV DER VORZEITIGKEIT

In beiden Fällen steht das Prädikat des Hauptsatzes in einem Modus des Präsens, z. B. Indikativ (*rogō* ①, *timeō* ③) oder Imperativ (*narrāte* ②).

   Im Deutschen wird der Konjunktiv der lateinischen Gliedsätze in der Regel mit dem Indikativ wiedergegeben.

43

G 1: Komparativ des Adjektivs

G 2: Zur Kasuslehre: Ablativ des Vergleichs

Komparation des Adjektivs

Wir können von einem Adjektiv sog. **Vergleichsstufen** bilden. Sie werden benötigt, wenn zwei oder mehr Lebewesen, Gegenstände oder Begriffe miteinander verglichen werden.

Positiv	*(Grundstufe):*	Der Turm ist **hoch**.
Komparativ	*(Höher-, Vergleichsstufe):*	Der Turm ist **höher** (als das Haus).

Ausgehend von den Formen des Positivs bilden wir **im Deutschen** den Komparativ durch Anhängen von -er. Häufig tritt dazu noch Umlaut ein.

G 1 ▶ Komparativ des Adjektivs

1.1 Formenbildung

Der **Komparativ** im **Nominativ Singular** wird gebildet, indem an den **Wortstamm** des Adjektivs (↗6 G 1) das **Bildungselement des Komparativs -ior-/-ius** gesetzt wird.

KOMPARATIV

-ior-
-ius

Bildungselement

Positiv	Wortstamm	Bildungselement	Komparativ	
longus	long-		long-ior,	long-ius
asper	asper-		asper-ior,	asper-ius
pulcher	pulch r-		pulch r-ior,	pulch r-ius
celer	celer-	-ior-/-ius	celer-ior,	celer-ius
ācer	āc r-		āc r-ior,	āc r-ius
fortis	fort-		fort-ior,	fort-ius
prūdēns	prūdent-		prūdent-ior,	prūdent-ius

Bildungselement *-ior-/-ius:* ↗L 21.1; L 22

1.2 Deklinationsschema

	longior, longius *länger*			
	Singular		Plural	
	m/f	*n*	*m/f*	*n*
N./V.	longior	longius	longiōrēs	longiōr**a**
G.	longiōris		longiōr**um**	
D.	longiōrī		longiōribus	
Akk.	longiōrem	longius	longiōrēs	longiōr**a**
Abl.	longiōr**e**		longiōribus	

An den Komparativ-Stamm (z. B. longior-) treten die **Endungen der Konsonantischen Deklination** (↗33 G 1.3).

94

1.3 Verwendung

①	Hoc iter long**ius** est *quam* illud.	Dieser Weg ist läng**er** *als* jener.
②	Hoc iter long**ius** est.	Dieser Weg ist **zu/allzu/ziemlich** lang.

Der Komparativ dient

● zum Ausdruck des **Vergleichs** (in Verbindung mit *quam*: als) ①,

● zur **Verstärkung** oder **Abmilderung** einer Eigenschaft (ohne Vergleichsglied; Übersetzung mit **all/allzu/ziemlich**) ②.

G 2 ▶ Zur Kasuslehre: Ablativ des Vergleichs

①	Equus celer*ior* est	┌ quam elephantus.	Das Pferd ist schneller
		└ **elephantō**.	als der Elefant.
②	Quis est **bove** stult*ior*?		Wer ist dümmer als ein Ochse?

2.1 Der Ablativ (*elephantō* ①, *bove* ②) hat hier die Sinnrichtung der Trennung (↗ 11 G1.2).

> Man fragt nach ihm:
>
> „VON WO AUS BETRACHTET?"

Der Ablativ bezeichnet in Verbindung mit einem Komparativ einen **Vergleich** (*elephantō* ~ *quam elephantus* ①; *bove* ~ *quam bōs* ②). Man nennt ihn **Ablativus comparationis**.

2.2 Der **Ablativus comparationis** kann auch **vor** dem Komparativ stehen: *bove stultior* ②.

44

G 1: Superlativ des Adjektivs: Formenbildung
G 2: Superlativ des Adjektivs: Verwendung

> Neben dem Komparativ (↗ 43 G1) können wir von einem Adjektiv eine weitere Vergleichsstufe bilden:
>
> **Superlativ** *(Höchst-, Meiststufe)*: Der Turm ist der **höchste** *(von allen)*.

G 1 ▶ Superlativ des Adjektivs: Formenbildung

1.1

Positiv	Komparativ	Superlativ
longus	long-*ior, -ius*	long-**issimus, -a, -um**
fortis	fort-*ior, -ius*	fort-**issimus, -a, -um**
prūdēns	prūdent-*ior, -ius*	prūdent-**issimus, -a, -um**

44

Der **Superlativ** wird in der Regel gebildet, indem an den **Wortstamm** des Adjektivs das **Bildungselement -issim-** gesetzt wird.
An dieses **Superlativ-Zeichen** treten die Ausgänge der ā-/o-Deklination: **-us, -a, -um** (↗6 G₁).

SUPERLATIV

-issim-

Bildungselement

1.2

Positiv	Komparativ	Superlativ
asper	asper*ior, -ius*	asper**rimus, -a, -um**
pulcher	pulchr*ior, -ius*	pulcher**rimus, -a, -um**
celer	celer*ior, -ius*	celer**rimus, -a, -um**
ācer	ācr*ior, -ius*	ācer**rimus, -a, -um**
similis	simil*ior, -ius*	simil**limus, -a, -um**

Das Bildungselement des Superlativs **-sim-** wird
● zu **-rim-** bei den Adjektiven auf *-(e)r*,
● zu **-lim-** bei einigen Adjektiven, deren Wortstamm auf *-l(i)-* endet (↗L 23: *Assimilation*).

G 2 ▶ Superlativ des Adjektivs: Verwendung

● Der Superlativ dient zum Ausdruck der **Höchststufe**:

Nāvis nostra **pulcherrima** erat.	Unser Schiff war **das schönste** (von allen), **das** (aller)**schönste**.

● Der Superlativ dient auch zum Ausdruck eines **sehr hohen Grades** (**Meiststufe**: *Elativ*).

 Der Elativ wird im Deutschen mit **sehr, überaus** oder **mit bildhaften Wendungen** wiedergegeben, z. B.

nāvēs celer**rim**ae	**sehr** (**überaus**) schnelle Schiffe / **pfeil**schnelle Schiffe
mōns alt**issim**us	ein **sehr** (**überaus**) hoher Berg / ein **himmel**hoher Berg

45 **G 1:** Unregelmäßige Komparation des Adjektivs
G 2: Komparation des Adverbs

G 1 ▶ Unregelmäßige Komparation des Adjektivs

1.1 Wie im Deutschen (vgl. *viel, mehr, am meisten*) gibt es auch im Lateinischen einige Adjektive, die den Komparativ und den Superlativ von verschiedenen Stämmen bilden:

	Positiv	Komparativ	Superlativ
groß	mägnus, -a, -um	māior, māius	māximus, -a, um
klein	parvus, -a, -um	minor, minus	minimus, -a, um
gut	bonus, -a, -um	melior, melius	optimus, -a, um
schlecht	malus, -a, -um	peior, peius	pessimus, -a, um
viel	multum	plūs	plūrimum
viele	multī, -ae, -a	plūrēs, plūra	plūrimī, -ae, -a

1.2 Komparativ und Superlativ der unregelmäßig gesteigerten Adjektive werden wie die der regelmäßig gesteigerten Adjektive dekliniert (↗ 43 G1.2; 44 G1.1): *meliōrēs, meliōra, meliōrum,* aber: *plūrēs, plūra, plūrium.*

G2 ▶ Komparation des Adverbs

Lateinisch	Positiv	longē	ācriter	celeriter	clēmenter
	Komparativ	longius	ācrius	celerius	clēmentius
	Superlativ	longissimē	ācerrimē	celerrimē	clēmentissimē
Deutsch	Positiv	lang	scharf	schnell	mild
	Komparativ	länger	schärfer	schneller	milder
	Superlativ	am längsten	am schärfsten	am schnellsten	am mildesten

2.1 Der **Komparativ des Adverbs** hat die Endung **-ius**; er gleicht dem Neutrum Singular (Nominativ/Akkusativ) des Komparativs der Adjektive (↗43 G1.2).

 Zuweilen verlangt der Komparativ, wenn kein Vergleich vorliegt, nach einer anderen Übersetzung (↗ 43 G1.3):

celerius	**allzu** schnell / **ziemlich** schnell
ācrius	**recht** scharf / **ziemlich** scharf

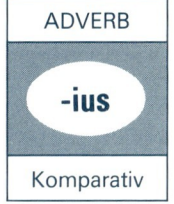
ADVERB
-ius
Komparativ

2.2 Der **Superlativ des Adverbs** hat die Endung **-ē**; Diese ist an den Wortstamm des Superlativs angefügt (↗44 G1.2: *longissim-, ācerrim-*). Häufig bezeichnet der Superlativ des Adverbs nicht den höchsten, sondern nur einen sehr hohen Grad (*Elativ* ↗44 G2).

 Beispiele für die Übersetzung des Elativs:

celerrimē	**sehr/äußerst** schnell, **pfeil**schnell
minimē	**sehr** wenig, **ganz und gar nicht**

ADVERB
-issime
-rime
Superlativ

46 G1: DIVES, PAUPER, VETUS
G2: Zur Kasuslehre: Ablativ der Trennung

G 1 ▶ DIVES, PAUPER, VETUS

1.1

① Quem beātiōrem hominēs   Wen halten die Menschen für
   putant homine dīvit**e**?   glücklicher als den Reichen?

② Sed vīta pauper**um**   Aber das Leben der Armen ist
   nōn semper misera est.   nicht immer unglücklich.

③ Haec sententia vete**rrima** est.   Diese Meinung ist sehr alt.

DIVES, PAUPER, VETUS haben im Unterschied zu den übrigen einendigen Adjektiven der ī-Deklination (↗ 38 G2.2) im **Ablativ Singular -e** ①, im **Genitiv Plural -um** ②.

Deklinationsschema

		vetus *alt*	
		m/f	*n*
Singular	N./V.	vetus	
	G.	veter*is*	
	D.	veter*ī*	
	Akk.	veter*em*	vetus
	Abl.	veter**e**	
Plural	N./V.	veter*ēs*	veter**a**
	G.	veter**um**	
	D.	veter*ibus*	
	Akk.	veter*ēs*	veter**a**
	Abl.	veter*ibus*	

-e
-a
-um

Vgl. dazu die Deklination des Komparativs der Adjektive (z. B. *longior* ↗ 43 G1.2).

1.2   **Komparation**

Lateinisch	Positiv	dīves	pauper	vetus
	Komparativ	dīvit**ior**	pauper**ior**	–
	Superlativ	dīvit**issimus**	pauper**rimus**	vete**rrimus**
Deutsch	Positiv	reich	arm	alt
	Komparativ	reich**er**	ärm**er**	–
	Superlativ	am reich**sten**	am ärm**sten**	am ält**esten**

DIVES, PAUPER, VETUS werden regelmäßig gesteigert ③.

98

6 G2 ▶ Zur Kasuslehre: Ablativ der Trennung

2.1

① Quis nōs ⎰ timōre / ā tyrannō ⎱ līberat?	Wer befreit uns ⎰ von der Furcht? / vom Tyrannen?
② Nēmo cūrīs līber est/vacat.	Niemand ist frei von Sorgen.
③ Nēmo ā perīculīs tūtus est.	Niemand ist sicher vor Gefahren.
④ Multī subitō dīvitiīs spoliātī sunt.	Viele sind plötzlich ihres Reichtums beraubt worden.

Der Ablativ bezeichnet auch die **Trennung** (↗11 G1.2; 43 G2):
Ablativus separativus. Er begegnet besonders oft bei Verben oder Adjektiven, die ein BEFREIEN ① oder FREI-SEIN ② ③ oder BERAUBEN ④ bedeuten.

2.2 Der **Ablativus separativus** findet sich bei den genannten Verben oder Adjektiven

- **ohne Präposition** oder
- **mit Präpostion** *(ā/ab)*.

spoliāre vītā	*des* Lebens berauben
abstinēre vīnō	sich *des* Weines enthalten
vacāre (ā) cūrīs	**von** Sorgen frei sein
līber (ā) cūrā	frei **von** Sorge
tūtus (ā) perīculō	sicher **vor** Gefahr
Beachte:	
līberāre timōre	**von** der Furcht befreien *(Sache!)*
aber:	
līberāre **ā** tyrannō	**vom** Tyrannen befreien *(Person!)*

Der **Ablativus separativus** wird im Deutschen mit einer **Präposition** *(von, vor)* ① ② ③ oder mit dem **Genitiv** ④ wiedergegeben.

G 1 ▶ Participium coniunctum (PC)

① Arīōn in tergō delphīnī sedēns cantāvit.

Arion sang, *als/während* er auf dem Rücken des Delphins *saß*.

② Naut**ae** Arīōn**em** in tergō delphīnī sedent**em** nōn doluērunt.

Die Seeleute bedauerten Arion nicht, *als* er auf dem Rücken des Delphins *saß*.

③ Arīōn ā delphīnō servā**tus** in Graeciam rediit.

Arion kehrte, *als/nachdem* er vom Delphin *gerettet worden war,* nach Griechenland zurück.

④ Periander Arīōn**em** ā delphīnō servā**tum** cūrīs līberāvit.

Periander befreite Arion, *als/nachdem* er vom Delphin *gerettet worden war*, von seinen Sorgen.

1.1   Erscheinungsform

Jedes der in den Sätzen ①–④ vorkommenden Partizipien *(sedēns, sedentem, servātus, servātum)* bezieht sich **der Form nach** auf ein **bestimmtes Satzglied** (Subjekt oder Objekt).

Das Partizip ist mit diesem Satzglied durch Kongruenz (KöNiGs-Regel) „verbunden" (↗ 39 G2.1). Dieses „verbundene" Partizip nennt man

PARTICIPIUM CONIUNCTUM[1] (PC)

PARTICIPIUM CONIUNCTUM

[1] *con-iungere:* verbinden

	Kasus	Numerus	Genus	Satzgliedbeziehung
① Arīōn . . . sedēns	Nom.	Sg.	Mask.	auf das Subjekt („Arion als Sitzender")
② Arīōnem . . . sedentem	Akk.	Sg.	Mask.	auf das Objekt („Arion als Sitzenden")
③ Arīōn . . . servātus	Nom.	Sg.	Mask.	auf das Subjekt („Arion als Geretteter")
④ Arīōnem . . . servātum	Akk.	Sg.	Mask.	auf das Objekt („Arion als Geretteten")

Syntaktische Funktion

Das **Participium coniunctum** enthält als Praedicativum ($\nearrow$ 13 G2) für den Text-inhalt wichtige Informationen über **Umstände**, unter denen sich der im Prädikat ausgedrückte Vorgang vollzieht.

Das Participium coniunctum übernimmt also die **syntaktische Funktion** des **Adverbiales**.

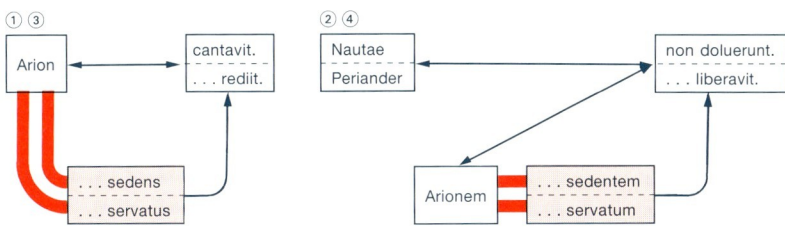

Partizip auf **Subjekt** bezogen: Partizip auf **Objekt** bezogen:

1.3   Zeitverhältnis

● Das **Partizip Präsens Aktiv (PPrA)** drückt einen Vorgang aus, der zum Vorgang des regierenden Verbums **gleichzeitig** abläuft:

① *Arion saß auf dem Rücken des Delphins und sang z u g l e i c h .*

② *Arion saß auf dem Rücken des Delphins; die Seeleute bedauerten ihn d a b e i nicht.*

Man nennt deshalb das Partizip Präsens Aktiv (des **Präsens**-Stammes) auch

> PARTIZIP DER GLEICHZEITIGKEIT.

● Das **Partizip Perfekt Passiv (PPP)** drückt einen Vorgang aus, der zum Vorgang des regierenden Verbums **vorzeitig** ist.

③ *Arion war vom Delphin gerettet worden und kehrte d a r a u f nach Griechen-land zurück.*

④ *Arion war vom Delphin gerettet worden; d a n n befreite ihn Periander von seinen Sorgen.*

Man nennt deshalb das Partizip Perfekt Passiv (des **Perfekt**-Stammes) auch

> PARTIZIP DER VORZEITIGKEIT.

① Delphīnus
   Arīonī adhūc cant**antī**
   appropinquāvit.

Ein Delphin näherte sich Arion,
als/während (dies)er noch **sang**.

Delphīnus
   Arīon**em** *in mare*
   praecipitā**tum**
   ē perīculō servāvit.

Ein Delphin rettete Arion,
als er *ins Meer* **gestürzt war**,
aus der Gefahr.

② Arīōn
   timōre līberā**tus**
   carmen pulchrum cantāvit.

Arion sang,
da/weil er von Furcht befreit war,
ein schönes Lied.

③ Arīōn in tergō delphīnī
   sedēbat
   carmen pulchrum cantā**ns**.

Arion saß auf dem Rücken des
Delphins,
wobei er ein schönes Lied sang.

Arīōn
   neque flē**ns** *neque* trepidā**ns**
   mortem exspectāverat.

Arion hatte,
ohne zu weinen und ohne zu zittern,
den Tod erwartet.

④ Arīōn
   carmen pulchrum cantā**ns**
   (tamen) animōs nautārum
   movēre nōn potuerat.

Arion hatte,
obwohl er ein schönes Lied sang,
(dennoch) die Herzen der Seeleute
nicht rühren können.

Folgende **Sinnrichtungen** können vom **Pariticipium coniunctum** erfaßt sein:

Sinnrichtung	Subjunktion des deutschen Gliedsatzes
① **temporal** *gleichzeitig* *vorzeitig*	als/während als/nachdem
② **kausal** ③ **modal**	da/weil wobei; indem; dadurch, daß *verneint:* ohne zu; ohne daß
④ **konzessiv**	obwohl

G 2 ▶ Akkusativ mit Partizip (AcP)

Nautae
   Arīon**em** in tergō delphīnī
   sedent**em** et cantant**em** vīdērunt.

Die Seeleute sahen,
wie Arion auf dem Rücken des
Delphins saß und sang.

2.1 Das **Partizip Präsens** (seltener das Partizip Perfekt Passiv) ergänzt als Praedicativum
bei den Verben der **sinnlichen** Wahrnehmung (z. B. *vidēre*) den Inhalt des Prädikats.

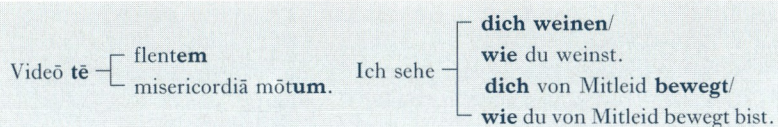

Videō **tē** ⎡ flent**em**
⎣ misericordiā mōt**um**. Ich sehe ⎡ **dich weinen/**
  wie du weinst.
  dich von Mitleid **bewegt/**
  wie du von Mitleid bewegt bist.

Man nennt diese Konstruktion

> AKKUSATIV MIT PARTIZIP (AcP).

 Im Deutschen wird das Partizip hier mit einem **Infinitiv** (bzw. Partizip Perfekt Passiv) oder mit einem **wie**-Satz übersetzt.

48

G 1: ē-Deklination
G 2: Indefinit-Pronomen QUISQUE

G 1 ▶ ē-Deklination

1.1 Formenbildung

	Wortstamm	Endung
N. Sg.	di ——— ē	s
G. Pl.	di ——— ē	rum
	Kennvokal	

-ē-

DEKLINATION

Der **Kennvokal** dieser Deklination ist **-ē-**, der **Wortstamm** (von *diēs*) lautet also *diē-*.

An den Wortstamm treten die **Endungen** der Konsonantischen Deklination, mit Ausnahme des **Genitiv Singular** *(-ī)* und des **Genitiv Plural** *(-rum)*.

Deklination

	die/eine Sache		*der/ein Tag*	
	Singular	Plural	Singular	Plural
N./V.	rēs	rēs	diēs	diēs
G.	rĕī	rē**rum**	diēī	diē**rum**
D.	rĕī	rēbus	diēī	diēbus
Akk.	rem	rēs	diem	diēs
Abl.	rē	rēbus	diē	diēbus

1.2 Genus

Dem grammatischen Geschlecht nach sind die **Substantive** der **ē-Deklination** **Feminina**. Nur *diēs* (der Tag) ist **Maskulinum**.

> spēs certa eine begründete Hoffnung *aber:* diēs secundus der zweite Tag

2.1 Deklination

	substantivisch: **quisque, quidque** *jeder* adjektivisch: **quisque, quaeque, quodque** *jeder, jede, jedes*				
	substantivisch		adjektivisch		
	m	*n*	*m*	*f*	*n*
Sg. N.	quisque	quidque	quisque	quaeque	quodque
G.	cuiusque		cuiusque		
D.	cuique		cuique		
Akk.	quemque	quidque	quemque	quamque	quodque
Abl.	quōque		quōque	quāque	quōque

Das Indefinit-Pronomen QUISQUE wird wie das Interrogativ-Pronomen QUIS, QUID dekliniert (↗14 G1; 37 G2.2).

2.2 Verwendung

① *Suōs* **quisque** māximē amat.	**Jeder** liebt die Seinen am meisten.
② *Unum***quemque** iuvat suīs adesse.	**Jedem (einzelnen)** macht es Freude, den Seinen zu helfen.

QUISQUE wird nur verwendet, wenn es sich an ein „Stützwort" anlehnt.

Stützwort für QUISQUE kann sein:

Reflexiv-Pronomen (*suī, sibi, sē; suus, sua, suum*)

Ordnungszahlen (z. B. *secundō quōque annō:* in jedem zweiten Jahr)

Superlativ (z. B. *optimus quisque:* gerade der Beste / die Besten, alle Guten)

Wenn keines dieser Stützwörter vorhanden ist, lehnt sich QUISQUE an UNUS, UNA, UNUM an; dabei werden beide Wörter dekliniert:

	ūnusquisque, ūnaquaeque, ūnumquidque (ūnumquodque) *jeder, jede, jedes (einzelne)*		
	m	*f*	*n*
N.	ūnusquisque	ūnaquaeque	ūnumquidque (ūnumquodque)
G.	ūnīuscuiusque		
D.	ūnīcuique		
Akk.	ūnumquemque	ūnamquamque	ūnumquidque (ūnumquodque)
Abl.	ūnōquōque	ūnāquāque	ūnōquōque

G 1 ▶ QUIDAM

1.1 Deklination

		\multicolumn{6}{c}{**quīdam, quaedam, quiddam** (**quoddam**): *ein (gewisser)*}					
		\multicolumn{3}{c}{substantivisch}	\multicolumn{3}{c}{adjektivisch}
		m	*f*	*n*	*m*	*f*	*n*
Singular	N.	quīdam	quaedam	quiddam	quīdam	quaedam	quoddam
	G.	\multicolumn{3}{c}{cuiusdam}	\multicolumn{3}{c}{cuiusdam}
	D.	\multicolumn{3}{c}{cuidam}	\multicolumn{3}{c}{cuidam}
	Akk.	quendam	quandam	quiddam	quendam	quandam	quoddam
	Abl.	quōdam	quādam	quōdam	quōdam	quādam	quōdam
Plural	N.	quīdam	quaedam	quaedam	quīdam	quaedam	quaedam
	G.	quōrundam	quārundam	quōrundam	\multicolumn{3}{c}{*usw.*}
		\multicolumn{3}{c}{*usw.*}		

quendam < *quemdam* (↗L 24: Konsonantenannäherung)

QUIDAM wird weitgehend wie QUIS, QUID bzw. QUI, QUAE, QUOD dekliniert (↗14 G1, 37 G2.2).

Beachte aber: que**n**dam, qua**n**dam; quōru**n**dam, quāru**n**dam

1.2 Übersetzungsmöglichkeiten

① **Quīdam** nārrant.	**Manche** erzählen.
② Fuit **quoddam** tempus . . .	Es gab **eine** (**bestimmte**) Zeit . . .
③ Mīrā **quādam** sapientiā es.	Du bist von **geradezu** erstaunlicher Einsicht.
④ Fortūna domina **quaedam** vītae hūmānae est.	Das Schicksal ist **gewissermaßen die** Herrin über das menschliche Leben.

QUIDAM dient dazu,

● auf eine Person oder Sache **hinzuweisen**, die **nicht näher bezeichnet**, also **unbestimmt** bleiben soll (unbestimmtes Fürwort: Indefinit-Pronomen; im Deutschen genügt oft der unbestimmte Artikel: *ein*) ① ②,

● in **Verbindung mit Adjektiven** die damit bezeichneten Eigenschaften **hervorzuheben** ③,

● in **bildhaften Wendungen** das Überraschende des Ausdrucks **abzumildern** ④.

49 G2 ► Zur Kasuslehre: Genitiv der Teilung

Der **Genitiv** bezeichnet den **Bereich**, auf den ein Substantiv, Adjektiv oder Verbum bezogen ist. Besonders häufig bezeichnet er Gruppen von Personen oder Mengen von Gegenständen, von denen ein **Teil** (*pars, partis:* der Teil) genommen ist: *Genitivus partitivus.*

bei **Substantiven**, die eine Maß-, Mengen- oder Zahlangabe ausdrücken:

māgna vīs aurī	eine große Menge **Gold**(*es*)
cōpia frūmentī	eine Menge **Getreide**(*s*)

bei substantivisch gebrauchten **Adjektiven** im Neutrum:

tantum pecūni**ae**	soviel Geld
multum tempo**ris**	viel Zeit
nihil mal**ī**	nichts Böses, kein Übel

bei **Adverbien**:

parum sapienti**ae**	zu wenig Einsicht
ubī terr**ārum**?	wo *auf der Welt*?

bei substantivisch gebrauchten **Pronomina**:

quis nostr**um**/vestr**um**[1]?	wer *von uns/euch*?
quid negōti**ī**?	welches Geschäft? (welche Art *von Geschäft?*)
nēmo mortāl**ium**	kein Sterblicher (niemand *von den Sterblichen*)

bei **Komparativen** und **Superlativen**:

melior/optimus medic**ōrum**	der bessere/beste Arzt (. . . *unter den Ärzten*)
prīmus imperātōr**um**	der erste Kaiser (der erste *von den Kaisern*)

[1] *nostrum/vestrum:* Genitivformen zu *nōs/vōs*, die vom Possessiv-Pronomen entlehnt sind.

Der **Genitivus partitivus** übernimmt die syntaktische Funktion des **Attributs**.

 Eine wörtliche Übersetzung des **Genitivus partitivus** entspricht meist nicht dem deutschen Sprachgebrauch (z. B. *eine Menge Goldes*). Man gebraucht stattdessen entweder den Nominativ (z. B. *eine Menge Gold*) oder die Präpositionen „*von*", „*unter*" (z. B. *wer von euch?*).

50

G 1: Perfekt-Aktiv-Stamm: Bildung durch Dehnung
G 2: Perfekt-Aktiv-Stamm: Bildung durch Reduplikation

G 1 ▶ Perfekt-Aktiv-Stamm: Bildung durch Dehnung

1.1

Iūppiter mē ádiŭvat.	Jupiter *hilft* mir.
Iūppiter mē adiúvit.	Jupiter **hat** mir **geholfen – half** mir.

Manche lateinischen Verben bilden das Perfekt durch
Dehnung des kurzen **Stammvokals**.

Diese Änderung der Sprechdauer *(der Quantität)* wird als
quantitativer Ablaut (↗L16) bezeichnet.

DEHNUNG

Perfekt

Präsens Indikativ	Präsens-Stamm	Perfekt-Aktiv-Stamm	Perfekt/Plusquamperfekt Indikativ
ā-Konjugation: ádiŭv-ō	ádiŭvā-	adiúv-	adiúv-ī / adiúv-eram
ē-Konjugation: vĭde-ō	vĭdē-	vīd-	vīd-ī / víd-eram
Konsonantische Konjugation: ĕm-ō	ĕm-	ēm-	ēm-ī / ém-eram

1.2 Stammformen einiger Verben mit Dehnungsperfekt

Präsens	Perfekt Aktiv	PPP	Infinitiv	
ā-Konjugation: ádiuvō	adiúvī	adiūtum	adiuvāre	unterstützen, helfen
ē-Konjugation: vídeō	vīdī	vīsum	vidēre	sehen
Konsonantische Konjugation: ĕmō	ēmī	ēmptum	emere	kaufen
ắgō	ēgī	āctum	agere	(be)treiben, verhandeln
cōgō	coēgī	coāctum	cōgere	zwingen

vīsum < **vid-tum*
ēmptum < **em-tum* ↗L 26.3: Konsonanteneinschub
cōgō < **coǎgo* ↗L 19: Kontraktion

G2 ▶ **Perfekt-Aktiv-Stamm: Bildung durch Reduplikation**

2.1

| Deus nōbīs pācem **dat**. | Gott **gibt** uns Frieden. |
| Deus nōbīs pācem **dedit**. | Gott **hat** uns Frieden **gegeben – gab** uns . . . |

Manche Verben bilden das Perfekt durch
Verdoppelung (Reduplikation) des Wortanfangs.
Hierbei tritt der **anlautende Konsonant**
zusammen mit dem Vokal **-e-** vor den Verbal-
stamm (z. B. *dō* > *dé-d-ī*).

Der Vokal der Reduplikationssilbe wird aber oft an den
Stammvokal angeglichen (z. B. *currō* > *cu-cúrr-ī*).

Präsens Indikativ	Präsens-Stamm	Perfekt-Aktiv-Stamm	Perfekt/Plusquamperfekt Indikativ
ā-Konjugation:			
dō	da-	**ded**-	ded-ī / ded-eram
ē-Konjugation:			
pendeō	pendē-	**pe**pend-	pepend-ī / pepend-eram
Konsonantische Konjugation:			
currō	curr-	**cu**curr-	cucurr-ī / cucurr-eram

2.2 **Stammformen einiger Verben mit Reduplikationsperfekt**

Präsens	Perfekt Aktiv	PPP	Infinitiv	
ā-Konjugation:				
dō	dedī	datum	dare	geben
ē-Konjugation:				
pendeō	pependī	–	pendēre	hängen *(intr.)*
Konsonantische Konjugation:				
currō	cucúrrī	cursum	cúrrere	laufen
tendō	teténdī	tentum	téndere	spannen
contendō	contendī	–	conténdere	sich anstrengen, eilen kämpfen
prōdō	prṓdidī	próditum	prṓdere	verraten

tentum < **tend-tum* ↗ L 26.2: Konsonantenschwund

● Komposita bilden in der Regel das Perfekt ohne Reduplikation, z. B. *contendī*: ich habe mich
angestrengt
● *prōdere* ist zwar Kompositum von *dare*; es bildet aber die Formen nach der Konsonantischen
Konjugation; das Kompositum *prōdere* behält im Perfekt Aktiv die Reduplikation bei.

ZUR SYSTEMATISCHEN WIEDERHOLUNG DER LEKTIONEN 41–50

Wieder hast Du eine Anzahl neuer Erscheinungen hinzugelernt; damit Du auch diesen Stoff leichter wiederholen kannst, ist er im folgenden übersichtlich zusammengestellt:

ANHANG

Lautlehre und Tabellenteil

Lateinische Schrift und Laute

Die **lateinischen Schriftzeichen** vererbten sich nicht nur auf die romanischen Völker, sondern wurden durch das Christentum auch den Germanen übermittelt. Sie sind uns deshalb vertraut.

Die **Aussprache** der einzelnen Lautzeichen hat sich schon bei den Römern, besonders in den späteren Jahrhunderten, gewandelt. Wir bedienen uns heute in Deutschland einer Aussprache des Lateinischen, die seit der beginnenden Neuzeit bei den Gelehrten üblich wurde. Daran orientiert sich folgende Übersicht:

VOKALE

Das Lateinische hat wie das Deutsche **lange** und **kurze Vokale** *(Selbstlaute)*. Längen werden in unserer Sprache durch Vokalverdoppelung *(z. B. Paar)* oder Dehnungs-h *(z. B. Bahre)* kenntlich gemacht; gelängtes *-i-* wird vornehmlich durch *-ie-* dargestellt.

L1 ▶ Die lateinische Schreibweise verfügt nicht über diese Mittel zur Kennzeichnung langer Vokale. Deshalb wird in unserem Buch die **Länge eines Vokals** durch einen **Strich** (‾) über dem Vokal angegeben:

> ā, ē, ī, ō, ū

L2 ▶ Die kurzen Vokale werden in der Regel nicht gekennzeichnet; nur wenn ausdrücklich auf eine **Kürze** hinzuweisen ist, erscheint ein **Häkchen** (˘) über dem Vokal:

> ă, ĕ, ĭ, ŏ ŭ

L3 ▶ In der lateinischen Sprache treten folgende Vokale auf:

Einfache Vokale:	a, e, i, o, u
	(y)
Doppellaute:	au, ei, eu, ui
	(ae, oe)

L4 ▶ Der Vokal **y** (gesprochen wie deutsches ü) kommt nur in griechischen Fremdwörtern vor (z. B. *Cȳrus*).

Die Zwielaute **ae**, **oe** werden nach einer jüngeren Regelung wie die deutschen Umlaute ä, ö gesprochen (z. B. *caelum, poena*)[1].

Doppellaute sind im Lateinischen stets lang.

oe ⟶ ö
ae ⟶ ä
AUSSPRACHE

---

[1] Mancherorts ist die ursprüngliche Aussprache **a-e** bzw. **o-e** heute wieder üblich.

KONSONANTEN

L5 ▶ Die **Konsonanten** *(Mitlaute)* sind im Lateinischen und Deutschen weitgehend gleich. Von den deutschen Lautzeichen fehlen im Lateinischen j, k, w, z (z, k kommen bisweilen in Fremdwörtern vor, z. B. *Zama*).

Die ihnen entsprechenden Laute werden im Lateinischen durch folgende Zeichen erfaßt: i, c, v, c. Das Lautzeichen **i** bezeichnet sowohl den Vokal **i** (↗L3) als auch den Konsonanten **j**[1].

Zur verschiedenen Aussprache von c: ↗L8.

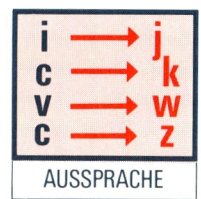

AUSSPRACHE

---

[1] Die Lautzeichen i *(jot)* und v *(w)* bezeichnen eigentlich sogenannte Halbvokale.

Die lateinischen Konsonanten werden in **zwei Hauptgruppen** zusammengefaßt:

L6 ▶ **Verschlußlaute** *(Mutae)*

	stimmhaft	stimmlos	behaucht
K-Laute *(Gaumenlaute)*	g, gu	c, qu	ch
P-Laute *(Lippenlaute)*	b	p	ph
T-Laute *(Zahnlaute)*	d	t	th

Die behauchten Laute findet man in erster Linie in griechischen Fremdwörtern: monar**ch**ia, **ph**iloso**ph**ia, **th**eātrum.

L7 ▶ **Dauerlaute**

	Nasenlaute *(Nasales)*	Fließlaute *(Liquidae)*	Reibelaute *(Aspiratae)*
K-Laute *(Gaumenlaute)*	ng [ŋ]	−	h (ch)
P-Laute *(Lippenlaute)*	m	−	f, v
T-Laute *(Zahnlaute)*	n	r, l	s, i [j]

L8 ▶ Sonderfälle der Aussprache

W-Laut:	v:	vīlla	[*wīlla*]
	qu:	quam	[*kwam*]
	gu:	lingua	[*lingwa*]
	su:	suādēre	[*swādēre*]

Z-Laut: c vor **hellen** Vokalen (ae, e, i, oe, y):

Caesar, Cerēs, Cicerō, Cȳrus[1]

K-Laut: c vor **dunklen** Vokalen (a, au, o, u):

Catō, causa, cōnsul, cultūra

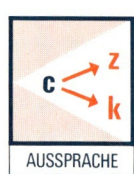

AUSSPRACHE

[1] Mancherorts ist die ursprüngliche Aussprache c wie k üblich.

REGELN

Rechtschreibung

L9 ▶ Die **lateinischen Laute** werden weitgehend wie die deutschen geschrieben. Achte aber auf den Unterschied zwischen der Schreibweise und Aussprache bei den Lauten *ae, oe, y, c* (für *z* und *k*), *i* (für *i* und *j*), *v* (für *w*): ↗L4; L5; L6.

L10 ▶ Lateinische Wörter werden in der Regel **klein geschrieben** (z. B.: *vīlla, suādēre, lingua).*
Groß geschrieben werden nur Wörter am **Satzanfang**, sowie **Eigennamen** (z. B.: *Rōmānī, Cornēlia, Colossēum*) und deren **Ableitungen** (z. B.: *imperium Rōmānum*).

Silbentrennung

L11 ▶ Die lateinischen Wörter werden wie die deutschen **nach Silben** getrennt (z. B.: *cot-tī-di-ā-nus*).
Zusammengesetzte Wörter trennt man nach ihren **Bestandteilen** (z. B.: *per-egrīnus, post-eā*).

Folgende **Abweichungen vom Deutschen** sind zu beachten:

● **st** wird getrennt: **s-t**
(z. B.: *hos-tis*).
● Die Verbindung von **Muta mit Liquida** (z. B.: *tr, pl, chr, gr*) wird **nicht** getrennt
(z. B.: *con-trā, am-plus, pul-chra, mi-grō*).

Betonungsregeln

Die lateinischen Wörter werden auf der **vorletzten** *oder* **drittletzten** Silbe betont.
Ausschlaggebend für die Betonung ist die **vorletzte** Silbe.

L12 ▶ **Zweisilbige** Wörter werden auf der vorletzten Silbe betont, haben also immer **Anfangsbetonung**.

L13 ▶ Für Wörter mit **drei** und **noch mehr Silben** gilt folgende Regelung:

DREI-
SILBEN-
GESETZ

BETONUNG

  .1 Ist die **vorletzte Silbe lang**, trägt sie den Ton (z. B.: *nātūra, fenéstra*).

  .2 Ist die **vorletzte Silbe kurz**, erhält die drittletzte den Ton (z. B.: *ártĭbus, muliérĭbus, homínĭbus*).

L14 ▶ Eine Silbe ist entweder **von Natur** aus lang (z. B.: *cul-tū-ra*) oder durch die ‚**Position‘**.

  .1 Wenn **auf einen kurzen Vokal mehrere Konsonanten** folgen, gilt die Silbe, zu der dieser Vokal gehört, als lang (*Positionslänge*, z. B.: *fe-nés-tra*).

  .2 Verbindungen von Muta mit Liquida (↗L6–7) bewirken jedoch keine Positionslänge (z. B.: *rémĭgrō*).

L15 ▶ Wenn die Konjunktion **-que** oder die Fragepartikel **-ne** an ein Wort treten, wird stets die **vorhergehende Silbe betont** (z. B.: *migrābitísne; pater mātérque*).

Lautregeln der Vokale

In fast allen Sprachen läßt sich verfolgen, daß durch Abwandeln von Lauten *einzelner Wörter* jeweils eine neue *Ausdrucksform* gewonnen werden kann (z. B.: g**u**t – G**ü**te, w**e**rden – gew**o**rden). Diese Erscheinung nennt man Ablaut; sie findet sich auch im Lateinischen.

L16 ▶ **Ablaut**

Ablaut ist ein **Wechsel der Vokale des Wortstockes**. Dieser Wechsel erfolgte bereits in sehr früher Zeit. Dabei konnte entweder die SPRECHDAUER *(Quantität)* oder die KLANGFARBE *(Qualität)* verändert werden.

.1	**Quantität:**	Dehnung	iŭvō	iūvī
		Kürzung	foedus (<* *foid*)	fidēs
			fāma	făteor
		Schwund	es-te	s-unt
.2	**Qualität:**		necō	nocēo
			tegō	toga

Das ‚Sternchen‘ * weist darauf hin, daß das Wort, vor dem es steht, eine ursprüngliche, nicht mehr vorhandene Erscheinungsform darstellt.

115

L17 ▶ Vokalschwächung in Binnensilben

Eine weitere Veränderung kurzer Vokale trat – teilweise unter Einwirkung einer ursprünglichen Anfangsbetonung – ein, indem der Vokal abgeschwächt wurde (**Vokalschwächung**):

a > e	a**g**er	> per**eg**rīnus
a > i	a**m**īcus	> in**im**īcus
i > e	appellāb**i**tur	> appellāb**e**ris
u > i	cap**u**t	> cap**i**tis
u > e	gen**u**s	> gen**e**ris
u > o	corp**u**s	> corp**o**ris

L18 ▶ Vokalkürzung

.1 Endsilben werden (außer vor -s) **gekürzt**:
animăl (aber: animālis), diĕm (aber: diēs), vidĕt (aber: vidēs).

.2 Langer Vokal wird vor unmittelbar folgendem Vokal **gekürzt**:
rĕī (aber: rēs), placĕāmus (aber: placēmus), gaudĕō (aber: gaudēs).

.3 Kurze Vokale werden im **Partizip Perfekt Passiv** (PPP) **gedehnt**, wenn der Präsens-Stamm auf **-g-** oder **-d-** auslautet:
rēctum *(< *reg-tum)*, aber rĕgere; dīvīsum *(< *dīvid-tum)*, aber dīvĭdere.

.4 Ersatzdehnung tritt ein, wenn der **auslautende Konsonant** des Wortstocks **ausfällt**:
mōtus < **mŏvtus*; sēdecim < **sĕxdecim*; īdem < **īsdem*.

L19 ▶ Kontraktion

Zwei innerhalb eines Wortes **zusammenstoßende Vokale** werden häufig in einen langen Vokal **‚zusammengezogen'** *(kontrahiert)*: **cŏ-ăgō* > cōgō; **laudaō* > laudō; eīsdem > īsdem; deīs > dīs.

a-o ＞ō

KONTRAKTION

L20 ▶ Vokalentfaltung – Vokalschwund

.1 Zur Erleichterung der Aussprache werden zwischen Konsonanten kurze ‚Hilfsvokale' **eingeschoben**: **agr* > ager; **laudāb-s* > laudābis.

.2 Im Wortinnern,**schwindet'** in einigen Fällen der Vokal *(Synkope)*:
*validē > valdē.
Am Wortende **entfällt auslautendes -e** bei manchen Wörtern:
*animāle > **animāl* > animăl (↗L18.1);
neque > **neq* > nec; neve > **nev* > neu.

L21 ▶ Vokaländerung in der Endsilbe

.1 Kurzes **-o-** wird vor -s, -m, -nt zu **-u-**: dominus < **dominos*.
Kurzes **-i** wird zu **-e**: mare < **mari*.

.2 Im Auslaut wird **-oi** zu **-ī**: dominī < **dominoi*,
-ai wird zu **-ae** oder **-ī**: curae < **cūrāi*, cūrīs < **cūrais*.

Lautregeln der Konsonanten

Konsonanten werden im Lateinischen nur verändert, wenn dadurch eine Vereinfachung der Aussprache oder Schreibung erreicht wird.

L22 ▶ Rhotazismus

-s- zwischen Vokalen wird zu -r-.

honōs – honōris	esse – eris, erat
litus – litoris	gessī – gestum – gerō

L23 ▶ Assimilation

Ein Konsonant wird an den folgenden oder vorausgehenden **angeglichen**. Diese Erscheinung findet sich hauptsächlich in zusammengesetzten Wörtern.

ad-pellō	> appellō	*asper-simus >	asperrimus
*pot-sum >	possum	*vel-se >	velle

L24 ▶ Annäherung von Konsonanten

Manchmal erfolgt zur leichteren Aussprache nur eine ‚**Annäherung**' der Konsonanten:

in-plēre	> implēre	scrībō: *scrīb-sī >	scrīpsī
*eum-dem >	eundem	regō: *reg-tum >	rēctum

L25 ▶ Dissimilation

Wenn zwei gleiche, kurz aufeinanderfolgende Konsonanten den Sprachfluß erschweren, wird in der Regel der **erste** (meist zu -r-) **geändert**.

*medi-diēs > merīdiēs		*can-men > carmen
aber: *mīlit-ālis > mīlitāris		

L26 ▶ Konsonantenschwund – Konsonanteneinschub

.1 Auslautende Konsonantengruppen werden **verkürzt**:

*es-s > es	*ped-s > *pes-s > pēs

.2 Bei **Konsonantenhäufung** wird oft der **mittlere Konsonant ausgestoßen**:

*sent-sī > sēnsī	*tend-tum > tentum	*sparg-sī > sparsī

.3 Zwischen **-m-** und **folgendem -s-** bzw. -t- wird manchmal ein **Konsonant** zur Erleichterung der Aussprache **eingeschoben**:

*sum-sī > sumpsī	*ēm-tum > ēmptum

Verbindung von -s- mit Mutae

L27 ▶ In Verbindung mit folgendem -s- werden die **K-Laute** zu -x.

c-s > -x pāx < *pac-s	g-s > -x rēx < *rēg-s

L28 ▶ In Verbindung mit folgendem -s- werden die **T-Laute** zu einem -s.

t-s > -s pars < *part-s	d-s > -s pēs < *pes-s < *ped-s

DEKLINATIONEN

Substantive

I₁	ā-Deklin.	o-Deklination			Konson. Deklination	
	Freundin	*Freund*	*Feld*	*Geschenk*	*Sieger*	*Bündnis*
	f	*m*	*m*	*n*	*m*	*n*
Sg.						
N.	amīca	amīcus	ager	dōnum	victor	foedus
G.	amīcae	amīcī	agrī	dōnī	victōris	foederis
D.	amīcae	amīcō	agrō	dōnō	victōrī	foederī
Akk.	amīcam	amīcum	agrum	dōnum	victōrem	foedus
Abl.	ā/ab amīcā	ā/ab amīcō	agrō	dōnō	ā/ab victōre	foedere
V.	amīca	amīce	–	–	victor	–
Pl.						
N.	amīcae	amīcī	agrī	dōna	victōrēs	foedera
G.	amīcārum	amīcōrum	agrōrum	dōnōrum	victōrum	foederum
D.	amīcīs	amīcīs	agrīs	dōnīs	victōribus	foederibus
Akk.	amīcās	amīcōs	agrōs	dōna	victōrēs	foedera
Abl.	ā/ab amīcīs	ā/ab amīcīs	agrīs	dōnīs	ā/ab victōribus	foederibus
V.	amīcae	amīcī			victōrēs	

Adjektive

I₂	ā- und o-Deklination					
	wahr, echt			*rauh*		
	m	*f*	*n*	*m*	*f*	*n*
Sg.						
N.	vērus	vēra	vērum	asper	aspera	asperum
G.	vērī	vērae	vērī	asperī	asperae	asperī
D.	verō	vērae	vērō	asperō	asperae	asperō
Akk.	vērum	vēram	vērum	asperum	asperam	asperum
Abl.	vērō	vērā	vērō	asperō	asperā	asperō
V.	vēre	vēra	vērum	asper	aspera	asperum
Pl.						
N./V.	vērī	vērae	vēra	asperī	asperae	aspera
G.	vērōrum	vērārum	vērōrum	asperōrum	asperārum	asperōrum
D.	vērīs	vērīs	vērīs	asperīs	asperīs	asperīs
Akk.	vērōs	vērās	vēra	asperōs	asperās	aspera
Abl.	vērīs	vērīs	vērīs	asperīs	asperīs	asperīs

Substantive

reine i-Stämme		Mischklasse			ē-Deklin.	$\mathbf{I_1}$
ĭ-Deklination						
Turm	Meer	Schiff	Nacht	Herz	Sache	
f	*n*	*f*	*f*	*n*	*f*	
						Sg.
turr**is**	mar**e**	nāv**is**	no**x**	cor	rēs	N./V.
turr**is**	mar**is**	nāv**is**	noct**is**	cord**is**	rĕī	G.
turr**ī**	mar**ī**	nāv**ī**	noct**ī**	cord**ī**	rĕī	D.
turr**im**	mar**e**	nāv**em**	noct**em**	cor	rĕm	Akk.
turr**ī**	mar**ī**	nāv**e**	noct**e**	cord**e**	rē	Abl.
						Pl.
turr**ēs**	mar**ia**	nāv**ēs**	noct**ēs**	cord**a**	rēs	N./V.
turr**ium**	mar**ium**	nāv**ium**	noct**ium**	cord**ium**	rērum	G.
turr**ibus**	mar**ibus**	nāv**ibus**	noct**ibus**	cord**ibus**	rēbus	D.
turr**ēs**	mar**ia**	nāv**ēs**	noct**ēs**	cord**a**	rēs	Akk.
turr**ibus**	mar**ibus**	nāv**ibus**	noct**ibus**	cord**ibus**	rēbus	Abl.

Adjektive

scharf			gewaltig			$\mathbf{I_2}$
ĭ-Deklination						
m	*f*	*n*	*m*	*f*	*n*	
						Sg.
āc**er**	ācr**is**	ācr**e**	ingēns	ingēns	ingēns	N./V.
	ācr**is**			ingent**is**		G.
	ācr**ī**			ingent**ī**		D.
ācr**em**	ācr**em**	ācr**e**	ingent**em**	ingent**em**	ingēns	Akk.
	ācr**ī**			ingent**ī**		Abl.
						Pl.
ācr**ēs**	ācr**ēs**	ācr**ia**	ingent**ēs**	ingent**ēs**	ingent**ia**	N./V.
	ācr**ium**			ingent**ium**		G.
	ācr**ibus**			ingent**ibus**		D.
ācr**ēs**	ācr**ēs**	ācr**ia**	ingent**ēs**	ingent**ēs**	ingent**ia**	Akk.
	ācr**ibus**			ingent**ibus**		Abl.
Komparative und *dīves, pauper, vetus* nach Konsonantischer Deklination			**Partizip Präsens Aktiv:** Abl. Sg. **-e** *(vocante)* [aber attributiv: *ārdentī studiō*]			Be-sonder-heiten

I₃ Besonderheiten der Deklinationen

3.1 ā-/o-Deklination

NUMERUS: Pluralwörter	
dīvitiae, -ārum	*Reichtum*
īnsidiae, -ārum	*Hinterhalt*
arma, -ōrum	*Waffen*

3.2 ē-Deklination

Maskulina	
diēs, -ēī	*Tag*

3.3 Konsonantische/ĭ-Deklination

Konsonantische Deklination		ĭ-Deklination: Mischklasse	
GENUS			
Maskulina			
sermō, -ōnis	*Rede*	orbis, -is	*Kreis*
pēs, pĕdis	*Fuß*	mōns, -ntis	*Berg*
Femininum			
arbor, -ŏris	*Baum*		
Neutra			
iter, itínēris	*Reise*		
vēr, vēris	*Frühling*		
NUMERUS: Pluralwörter			
opēs, -um	*Reichtum, Einfluß*	vīrēs, -ium	*Kräfte*
precēs, -um	*Bitten, Gebet*		

PRONOMINA

II₁ Personal-Pronomina

nicht-reflexiv		reflexiv	nicht-reflexiv		reflexiv
ego	*ich*		nōs	*wir*	
tū	*du*		vōs	*ihr*	
is	*er*		iī (eī)	*sie*	
ea	*sie*	suī, sibi, sē	eae	*sie*	suī, sibi, sē
id	*es*		ea	*sie*	

Deklination von *ego, tū, nōs, vōs* WSp. 12.

II₂ Possessiv-Pronomina

meus, -a, -um	*mein*	noster, -tra, -trum	*unser*
tuus, -a, -um	*dein*	vester, -tra, -trum	*euer*
eius (*nicht refl.*)	*sein/ihr*	eōrum/eārum/eōrum (*nicht refl.*)	*ihr*
suus, -a, -um (*refl.*)	*sein/ihr*	suus, -a, -um (*refl.*)	*ihr*

hic, haec, hoc *dieser (mein)*			iste, ista, istud *dieser (dein)*			ille, illa, illud *dieser/jener (sein/ihr)*		
hic	haec	hoc	iste	ista	istud	ille	illa	illud
	huius			istīus			illīus	
	huic			istī			illī	
hunc	hanc	hoc	istum	istam	istud	illum	illam	illud
hōc	hāc	hōc	istō	istā	istō	illō	illā	illō
hī	hae	haec	istī	istae	ista	illī	illae	illa
hōrum	hārum	hōrum	istōrum	istārum	istōrum	illōrum	illārum	illōrum
	hīs			istīs			illīs	
hōs	hās	haec	istōs	istās	ista	illōs	illās	illa
	hīs			istīs			illīs	

is, ea, id *dieser, derjenige*			ipse, ipsa, ipsum *selbst, selber*		
is	ea	id	ipse	ipsa	ipsum
	eius			ipsīus	
	eī			ipsī	
eum	eam	id	ipsum	ipsam	ipsum
eō	eā	eō	ipsō	ipsā	ipsō
iī (eī)	eae	ea	ipsī	ipsae	ipsa
eōrum	eārum	eōrum	ipsōrum	ipsārum	ipsōrum
	iīs (eīs)			ipsīs	
eōs	eās	ea	ipsōs	ipsās	ipsa
	iīs (eīs)			ipsīs	

II₄ Relativ-Pronomina

quī, quae, quod *welcher; der*			
	m	*f*	*n*
Sg.			
N.	quī	quae	quod
G.		cuius	
D.		cui	
Akk.	quem	quam	quod
Abl.	quō	quā	quō
Pl.			
N.	quī	quae	quae
G.	quōrum	quārum	quōrum
D.		quibus	
Akk.	quōs	quās	quae
Abl.		quibus	

Interrogativ-Pronomina **II₅**

	quis? quid? *wer? was?*	quī, quae, quod? *welcher/welche(s)?*
	substantivisch	adjektivisch
N.	quis quid	quī quae quod
G.	cuius	cuius
D.	cui	cui
Akk.	quem quid	
Abl.	ā quō	*usw.*
	quōcum	*wie Relativ-Pron.*

Weitere Fragewörter

quālis, -e?	*wie (beschaffen)?*
quantus, -a, -um?	*wie groß?*
cūr?	*warum? weshalb?*
quam? / quōmodo?	*wie?*
quot?	*wie viele?*
ubī?	*wo?*

6.1 | quīdam, quaedam, quiddam (quoddam): *ein (gewisser)*

	substantivisch			adjektivisch		
	m	*f*	*n*	*m*	*f*	*n*
Sg. N.	quīdam	quaedam	quiddam	quīdam	quaedam	quoddam
G.		cuiusdam			cuiusdam	
D.		cuidam			cuidam	
Akk.	quendam	quandam	quiddam	quendam	quandam	quoddam
Abl.	quōdam	quādam	quōdam	quōdam	quādam	quōdam
Pl. N.	quīdam	quaedam	quaedam	quīdam	quaedam	quaedam
G.	quōrundam	quārundam	quōrundam	*usw.*		
	usw.					

6.2

substantivisch: **quisque, quidque**
ūnusquisque, ūnumquidque } *jeder*

adjektivisch: **quisque, quaeque, quodque**
ūnusquisque, ūnaquaeque, ūnumquodque } *jeder, jede, jedes*

	substantivisch		adjektivisch		
	m	*n*	*m*	*f*	*n*
Sg. N.	quisque	quidque	quisque	quaeque	quodque
G.		cuiusque		cuiusque	
D.		cuique		cuique	
Akk.	quemque	quidque	quemque	quamque	quodque
Abl.		quōque	quōque	quāque	quōque

II₇ | nēmō – nihil – nūllus, nūlla, nūllum

	substantivischer Gebrauch		adjektivischer Gebrauch		
	nēmō	*niemand, keiner*	**nūllus**	*kein(er)*	
	nihil	*nichts*	**nūlla**	*keine*	
			nūllum	*kein(es)*	
	m	*n*	*m*	*f*	*n*
N.	nēmō	nihil	nūllus	nūlla	nūllum
G.	**nūllīus**	**nūllīus reī**		**nūllīus**	
D.	nēminī	**nūllī reī**		**nūllī**	
Akk.	nēminem	nihil	nūllum	nūllam	nūllum
Abl.	**ā nūllō**	**nūllā rē**	nūllō	nūllā	nūllō

KOMPARATION DER ADJEKTIVE
Regelmäßige Komparation

Positiv	Komparativ		Superlativ	
longus, -a, -um	long**ior**	long**ius**	long**issim**us, -a, -um	*lang*
fortis, -e	fort**ior**	fort**ius**	fort**issim**us, -a, -um	*tapfer*
prūdēns (prūdent-is)	prūdent**ior**	prūdent**ius**	prūdent**issim**us, -a, -um	*klug*
asper	asper**ior**		asper**rim**us	*rauh*
aspera	asper**ior**		asper**rim**a	
asperum		asper**ius**	asper**rim**um	
pulche r	pulchr**ior**		pulche **rrim**us	*schön*
pulchra	pulchr**ior**		pulche **rrim**a	
pulchrum		pulchr**ius**	pulche **rrim**um	
āce r	ācr**ior**		āce **rrim**us	*scharf*
ācris	ācr**ior**		āce **rrim**a	
ācre		ācr**ius**	āce**rrim**um	

Unregelmäßige Komparation

Positiv	Komparativ		Superlativ	
māgnus, -a, -um	mā**ior**	mā**ius**	mā**xim**us, -a, -um	*groß*
parvus, -a, -um	min**or**	min**us**	min**im**us, -a, -um	*klein*
bonus, -a, -um	mel**ior**	mel**ius**	opt**im**us, -a, -um	*gut*
malus, -a, -um	pē**ior**	pē**ius**	pes**sim**us, -a, -um	*schlecht*
multī, -ae, -a	plū**rēs**	plū**ra**	plū**rim**ī, -ae, -a	*viele*
multum	—	plū**s**	plū**rim**um	*viel*

ADVERB
Bildung und Komparation des Adverbs

Adjektiv	Positiv	Komparativ	Superlativ	
longus, -a, -um	long**ē**	long**ius**	long*issim*ē	*lang*
fortis, -e	fort**iter**	fort**ius**	fort*issim*ē	*tapfer*
prūdēns (prūdent-is)	prūdent**er**	prūdent**ius**	prūdent*issim*ē	*klug*
asper, aspera, asperum	asper**ē**	asper**ius**	asper*rim*ē	*rauh*
pulche r, -chra, chrum	pulchr**ē**	pulchr**ius**	pulcher*rim*ē	*schön*
celer, celeris, celere	celer**iter**	celer**ius**	celer*rim*ē	*schnell*
ācer, ācris, ācre	ācr**iter**	ācr**ius**	ācer*rim*ē	*scharf*
Merke besonders:				
bonus, -a, -um	ben**ĕ**	mel**ius**	opt*im*ē	*gut*
(māgnus, -a, -um)	vald**ē**	magis	mā*xim*ē	*sehr*
	saep**e**	saep**ius**	saep*issim*ē	*oft*
	diū	diut**ius**	diut*issim*ē	*lange*

V₁ KONJUGATIONEN

Präsens-Stamm Aktiv

Aktiv		ā-Konjugation	ē-Konjugation	Konsonantische Konjugation		
Infinitiv		rufen vocáre	mahnen monére	führen dúcere	verraten pródere	treiben ágere
Präsens	**Indikativ** er ruft	vócō vócās vócat vocámus vocátis vócant	mónēō mónēs mónet monémus monétis mónent	dúcō dúcis dúcit dúcimus dúcitis dúcunt	pródō pródis pródit pródimus próditis pródunt	ágō ágis ágit ágimus ágitis águnt
	Konjunktiv er rufe	vócem vócēs vócet vocémus vocétis vócent	móneam móneās móneat moneámus moneátis móneant	dúcam dúcās dúcat dūcámus dūcátis dúcant	pródam pródās pródat prōdámus prōdátis pródant	ágam ágās ágat agámus agátis ágant
Imperfekt	**Indikativ** er rief	vocábam vocábās vocábat vocābámus vocābátis vocábant	monébam monébās monébat monēbámus monēbátis monébant	dūcébam dūcébās dūcébat dūcēbámus dūcēbátis dūcébant	prōdébam prōdébās prōdébat prōdēbámus prōdēbátis prōdébant	agébam agébās agébat agēbámus agēbátis agébant
	Konjunktiv er riefe	vocárem vocárēs vocáret vocārémus vocārétis vocárent	monérem monérēs monéret monērémus monērétis monérent	dúcerem dúcerēs dúceret dūcerémus dūcerétis dúcerent	próderem próderēs próderet prōderémus prōderétis próderent	ágerem ágerēs ágeret agerémus agerétis ágerent
Futur I	er wird rufen	vocábō vocábis vocábit vocábimus vocábitis vocábunt	monébō monébis monébit monébimus monébitis monébunt	dúcam dúcēs dúcet dūcémus dūcétis dúcent	pródam pródēs pródet prōdémus prōdétis pródent	ágam ágēs áget agémus agétis ágent
	Imperativ I rufe! ruft!	vócā! vocáte!	mónē! moné-te!	dūc! dúcite!	próde! pródite!	áge! ágite!

Präsens-Stamm Passiv

PASSIV		ā-Konjugation	ē-Konjugation	Konsonantische Konjugation		
Präsens	Infinitiv	*gerufen werden* vocārī	*gemahnt werden* monērī	*geführt werden* dūcī	*verraten werden* prōdī	*getrieben werden* agī
	Indikativ					
	er wird gerufen	vócor vócāris vocātur vocāmur vocāminī vocántur	móneor monéris monétur monémur monéminī monéntur	dúcor dúceris dúcitur dúcimur dúcíminī dūcúntur	pródor próderis próditur pródimur pródíminī prōdúntur	agor ágeris ágitur ágimur agíminī agúntur
	Konjunktiv					
	er werde gerufen	vócer vocēris vócētur vocēmur vocēminī vocéntur	mónear moneáris moneátur moneámur moneáminī moneántur	dūcar dūcáris dūcátur dūcámur dūcáminī dūcántur	prōdar prōdáris prōdátur prōdámur prōdáminī prōdántur	ágar agáris agátur agámur agáminī agántur
Imperfekt	**Indikativ**					
	er wurde gerufen	vocábar vocābáris vocābátur vocābámur vocābáminī vocābántur	monēbar monēbáris monēbátur monēbámur monēbáminī monēbántur	dūcēbar dūcēbáris dūcēbátur dūcēbámur dūcēbáminī dūcēbántur	prōdēbar prōdēbáris prōdēbátur prōdēbámur prōdēbáminī prōdēbántur	agébar agēbáris agēbátur agēbámur agēbáminī agēbántur
	Konjunktiv					
	er würde gerufen werden	vocárer vocāréris vocārétur vocārémur vocāréminī vocāréntur	monérer monēréris monērétur monērémur monēréminī monēréntur	dūcerer dūceréris dūcerétur dūcerémur dūceréminī dūceréntur	próderer prōderéris prōderétur prōderémur prōderéminī prōderéntur	ágerer ageréris agerétur agerémur ageréminī ageréntur
Futur I	*er wird gerufen werden*	vocábor vocáberis vocábitur vocábimur vocábíminī vocábúntur	monébor monéberis monébitur monébimur monébíminī monēbúntur	dúcar dúcéris dūcétur dūcémur dūcéminī dūcéntur	pródar próderis prōdétur prōdémur prōdéminī prōdéntur	ágar agéris agétur agémur agéminī agéntur

V_3

Perfekt-Stamm Aktiv

	AKTIV	ā-Konjugation	ē-Konjugation	Konsonantische Konjugation		
Perfekt	Infinitiv	gerufen zu haben vocāvísse	gemahnt zu haben monuísse	geführt zu haben dūxísse	verraten zu haben prōdidísse	getrieben zu haben ēgísse
	Indikativ					
	er hat gerufen	vocā́vī vocāvístī vocā́vit vocā́vimus vocāvístis vocāvḗrunt	mónuī monuístī mónuit monúimus monuístis monuḗrunt	dū́xī dūxístī dū́xit dū́ximus dūxístis dūxḗrunt	prṓdidī prōdidístī prṓdidit prōdídimus prōdidístis prōdidḗrunt	ḗgī ēgístī ḗgit ḗgimus ēgístis ēgḗrunt
	Konjunktiv					
	er habe gerufen	vocā́verim vocā́veris vocā́verit vocāvérimus vocāvéritis vocā́verint	monúerim monúeris monúerit monuérimus monuéritis monúerint	dū́xerim dū́xeris dū́xerit dūxérimus dūxéritis dū́xerint	prōdíderim prōdíderis prōdíderit prōdidérimus prōdidéritis prōdíderint	ḗgerim ḗgeris ḗgerit ēgérimus ēgéritis ḗgerint
Plusquamperfekt	*Indikativ*					
	er hatte gerufen	vocā́veram vocā́verās vocā́verat vocāverámus vocāverátis vocā́verant	monúeram monúerās monúerat monuerámus monuerátis monúerant	dū́xeram dū́xerās dū́xerat dūxerámus dūxerátis dū́xerant	prōdíderam prōdíderās prōdíderat prōdiderámus prōdiderátis prōdíderant	ḗgeram ḗgerās ḗgerat ēgerámus ēgerátis ḗgerant
	Konjunktiv					
	er hätte gerufen	vocāvíssem vocāvíssēs vocāvísset vocāvissḗmus vocāvissḗtis vocāvíssent	monuíssem monuíssēs monuísset monuissḗmus monuissḗtis monuíssent	dūxíssem dūxíssēs dūxísset dūxissḗmus dūxissḗtis dūxíssent	prōdidíssem prōdidíssēs prōdidísset prōdidissḗmus prōdidissḗtis prōdidíssent	ēgíssem ēgíssēs ēgísset ēgissḗmus ēgissḗtis ēgíssent
Futur II	er wird gerufen haben	vocā́verō vocā́veris vocā́verit vocāvérimus vocāvéritis vocā́verint	monúerō monúeris monúerit monuérimus monuéritis monúerint	dū́xerō dū́xeris dū́xerit dūxérimus dūxéritis dū́xerint	prōdíderō prōdíderis prōdíderit prōdidérimus prōdidéritis prōdíderint	ḗgerō ḗgeris ḗgerit ēgérimus ēgéritis ḗgerint

V_5 — Nominalformen des Verbums

Infinitiv		ā-Konjugation	ē-Konjugation	Konsonantische Konjugation		
AKTIV	Präsens Perfekt Futur	vocāre vocāvisse vocātūrum, -am, -um esse	monēre monuisse monitūrum, -am, -um esse	dūcere dūxisse ductūrum, -am, -um esse	prōdere prōdidisse prōditūrum, -am, -um esse	agere ēgisse āctūrum, -am, -um esse
PASSIV	Präsens Perfekt	vocārī vocātum, -am, -um esse	monērī monitum, -am, -um esse	dūcī ductum, -am, -um esse	prōdī prōditum, -am, -um esse	agī āctum, -am, -um esse

Perfekt-Stamm Passiv

ASSIV	ā-Konjugation	ē-Konjugation	Konsonantische Konjugation		
Infinitiv	*gerufen worden zu sein* vocātum, -am, -um esse	*gemahnt worden zu sein* monitum, -am, -um esse	*geführt worden zu sein*	*verraten worden zu sein*	*getrieben worden zu sein*
Indikativ					
	vocātus, -a, -um } sum es est	monitus, -a, -um } sum es est	ductus, -a, -um } sum es est	prōditus, -a, -um } sum es est	āctus, -a, -um } sum es est
	vocātī, -ae, -a } sumus estis sunt	monitī, -ae, -a } sumus estis sunt	ductī, -ae, -a } sumus estis sunt	prōditī, -ae, -a } sumus estis sunt	āctī, -ae, -a } sumus estis sunt
Konjunktiv					
	vocātus, -a, -um } sim sīs sit	monitus, -a, -um } sim sīs sit	ductus, -a, -um } sim sīs sit	prōditus, -a, -um } sim sīs sit	āctus, -a, -um } sim sīs sit
	vocātī, -ae, -a } sīmus sītis sint	monitī, -ae, -a } sīmus sītis sint	ductī, -ae, -a } sīmus sītis sint	prōditī, -ae, -a } sīmus sītis sint	āctī, -ae, -a } sīmus sītis sint
Indikativ					
	vocātus, -a, -um } eram erās erat	monitus, -a, -um } eram erās erat	ductus, -a, -um } eram erās erat	prōditus, -a, -um } eram erās erat	āctus, -a, -um } eram erās erat
	vocātī, -ae, -a } erāmus erātis erant	monitī, -ae, -a } erāmus erātis erant	ductī, -ae, -a } erāmus erātis erant	prōditī, -ae, -a } erāmus erātis erant	āctī, -ae, -a } erāmus erātis erant
Konjunktiv					
	vocātus, -a, -um } essem essēs esset	monitus, -a, -um } essem essēs esset	ductus, -a, -um } essem essēs esset	prōditus, -a, -um } essem essēs esset	āctus, -a, -um } essem essēs esset
	vocātī, -ae, -a } essēmus essētis essent	monitī, -ae, -a } essēmus essētis essent	ductī, -ae, -a } essēmus essētis essent	prōditī, -ae, -a } essēmus essētis essent	āctī, -ae, -a } essēmus essētis essent
	vocātus, -a, -um } erō eris erit	monitus, -a, -um } erō eris erit	ductus, -a, -um } erō eris erit	prōditus, -a, -um } erō eris erit	āctus, -a, -um } erō eris erit
	vocātī, -ae, -a } erimus eritis erunt	monitī, -ae, -a } erimus eritis erunt	ductī, -ae, -a } erimus eritis erunt	prōditī, -ae, -a } erimus eritis erunt	āctī, -ae, -a } erimus eritis erunt

Nominalformen des Verbums

V_6

-Konjugation	ē-Konjugation	Konsonantische Konjugation			Partizip	
ocāns, -ntis ocātūrus, -tūra, -tūrum	monēns, -ntis monitūrus, -tūra, -tūrum	dūcēns, -ntis ductūrus, -tūra, -tūrum	prōdēns, -ntis prōditūrus, -tūra, -tūrum	agēns, -ntis āctūrus -tūra, -tūrum	Präsens Futur	AKTIV AKTIV
ocātus, -ta, -tum	mónitus, -ta, -tum	ductus, -ta, -tum	prōditus, -ta, -tum	āctus -ta, -tum	Perfekt	PASSIV

VI₁   ā-Konjugation

Perfekt-Bildung mit -v-

z. B.:	vocō	vocāvī	vocātum	vocāre	rufen, nennen

Perfekt-Bildung mit -u-

1.	crepō	crepuī	crepitum	crepāre	knarren, krachen
2.	domō	domuī	domitum	domāre	zähmen, bezwingen
3.	sonō	sonuī	–	sonāre	tönen, erklingen
4.	vetō	vetuī	vetitum	vetāre (*m. Akk.*)	verbieten

Perfekt-Bildung durch Dehnung

5.	**iŭvō**	iūvī	iūtum	iuvāre (*m. Akk.*)	erfreuen, unterstützen
	ád|iŭvō	adiūvī	adiūtum	adiuvāre (*m. Akk.*)	unterstützen, helfen

Perfekt-Bildung durch Reduplikation

6.	**dō**	dedī	datum	dare	geben
7.	**stō**	stetī	stātūrus	stāre	stehen

Impersonalia

8.	iŭvat	iūvit	–	–	*es* erfreut, *es* macht Freude
9.	cōnstat	constitit	–	–	*es* steht fest, *es* ist bekannt

VI₂   ē-Konjugation

Perfekt-Bildung mit -v-

1.	dēleō	dēlēvī	dēlētum	dēlēre	zerstören, vernichten
2.	fleō	flēvī	flētum	flēre	weinen, beklagen
3.	ex|pleō	explēvī	ecplētum	explēre	ausfüllen, erfüllen
	im|pleō	implēvī	implētum	implēre	füllen, anfüllen

Perfekt-Bildung mit -u-

PPP auf -itum

4.	**arceō**	arcuī	–	arcēre	abhalten, fernhalten, abwehren
	co|ërceō	coërcuī	coërcitum	coërcēre	in Schranken halten, zügeln
5.	careō	caruī	caritūrus	carēre	entbehren, nicht haben

6.	doleō	doluī	dolitūrus	dolēre (*m. Akk.*) Schmerz empfinden, bedauern
7.	egeō	eguī	–	egēre (*m. Abl.*) bedürfen, nötig haben
8.	**habeō**	habuī	habitum	habēre haben, halten, besitzen
	ad|hibeō	adhibuī	adhibitum	adhibēre anwenden, heranziehen
	dēbeō	dēbuī	dēbitum	dēbēre müssen, schulden, verdanken
	praebeō	praebuī	praebitum	praebēre gewähren; zeigen
9.	horreō	horruī	–	horrēre (*m. Akk.*) schaudern (*vor*); sich entsetzen (*vor*)
10.	iaceō	iacuī	–	iacēre liegen, daliegen
11.	mereō	meruī	meritum	merēre verdienen
12.	lateō	latuī	–	latēre verborgen sein
13.	im|mineō	–	–	imminēre drohen, bevorstehen
14.	**moneō**	monuī	monitum	monēre mahnen, auffordern; erinnern
	ad|moneō	admonuī	admonitum	admonēre erinnern, ermahnen
15.	noceō	nocuī	nocitum	nocēre schaden
16.	**pāreō**	pāruī	–	pārēre gehorchen
	ap|pāreō	appāruī	appāritūrus	appārēre erscheinen, sich zeigen
17.	pateō	patuī	–	patēre offenstehen
18.	placeō	placuī	placitum	placēre gefallen, Beifall finden
19.	studeō	studuī	–	studēre (*m. Dat.*) sich bemühen (*um*)
20.	taceō	tacuī	–	tacēre schweigen
21.	**terreō**	terruī	territum	terrēre erschrecken (*trans.*)
22.	timeō	timuī	–	timēre (sich) fürchten, besorgt sein (*um*)
23.	valeō	valuī	valitūrus	valēre gesund sein, Einfluß haben, gelten

PPP mit Besonderheiten

24.	doceō	docuī	doctum	docēre lehren, unterrichten
25.	**teneō**	tenuī	–	tenēre halten, festhalten
	abs|tineō	abstinuī	–	abstinēre (*m. Abl.*) verzichten (*auf*), sich (*einer Sache*) enthalten
	ob|tineō	obtinuī	obtentum	obtinēre festhalten, innehaben, behaupten
	re|tineō	retinuī	retentum	retinēre zurückhalten, festhalten
	sus|tineō	sustinuī	–	sustinēre aushalten, ertragen
26.	cēnseō	cēnsuī	cēnsum	cēnsēre schätzen, meinen

Impersonalia

27.	ap|pāret	appāruit	–	appārēre	*es* ist offensichtlich, *es* ist klar
28.	licet	licuit	–	licēre	*es* ist erlaubt, *es* steht frei
29.	oportet	oportuit	–	oportēre	*es* ist nötig, *es* gehört sich

Perfekt-Bildung mit -s-

30.	augeō	auxī	auctum	augēre	vergrößern, vermehren, fördern
31.	indulgeō	indulsī	indultum	indulgēre	nachgeben
32.	torqueō	torsī	tortum	torquēre	drehen, foltern
33.	urgeō	ursī	–	urgēre	drängen, bedrängen
34.	ārdeō	ārsī	ārsūrus	ārdēre	brennen, glühen
35.	iubeō	iussī	iussum	iubēre (*m. Akk.*)	befehlen, anordnen; lassen
36.	**rīdeō**	rīsī	rīsum	rīdēre	lachen
	ir|rīdeō	irrīsī	irrīsum	irrīdēre	verlachen, verspotten
37.	**suādeō**	suāsī	suāsum	suādēre	raten, zureden
	per|suādeō	persuāsī	persuāsum	persuādēre (*m. Dat.*)	überreden, überzeugen
38.	maneō	mānsī	mānsūrus	manēre	bleiben, fortbestehen; erwarten
39.	haereō	haesī	haesūrus	haerēre	hängen, steckenbleiben

Perfekt-Bildung durch Dehnung

40.	caveō	cāvī	cautum	cavēre (*m. Akk.*)	sich in acht nehmen (*vor*), sich hüten (*vor*)
41.	**moveō**	mōvī	mōtum	movēre	bewegen, beeinflussen
	per|moveō	permōvī	permōtum	permovēre	heftig bewegen
42.	**sedeō**	sēdī	sessum	sedēre	sitzen
	pos|sideō	possēdī	possessum	possidēre	besitzen
43.	**videō**	vīdī	vīsum	vidēre	sehen, erblicken
	in|videō	invīdī	invīsum	invidēre (*m. Dat.*)	beneiden

Perfekt-Bildung durch Reduplikation

44.	**pendeō**	pependī	–	pendēre	herabhängen, hängen
45.	(**spondeō**	spopondī	spōnsum	spondēre	geloben)
	re|spondeō	respondī	respōnsum	respondēre	antworten, erwidern

Perfekt-Bildung mit -v-

1.	arcessō	arcessīvī	arcessītum	arcessere	herbeiholen, kommen lassen
2.	capessō	capessīvī	capessītum	capessere	ergreifen, packen
3.	lacessō	lacessīvī	lacessītum	lacessere	reizen, herausfordern
4.	**petō**	petīvī	petītum	petere	zu erreichen suchen, verlangen, bitten
	re|petō	re|petīvī	re|petītum	–	zurückverlangen; wiederholen
5.	**quaerō**	quaesīvī	quaesītum	quaerere	suchen; fragen
	re|quīrō	requīsīvī	requīsītum	requīrere	aufsuchen, fragen; verlangen

Präsenserweiterung mit -n-:

6.	spernō	sprēvī	sprētum	spernere	verschmähen, ablehnen
7.	**sinō**	sīvī	situm	sinere	lassen, zulassen
	dé|sinō	dḗsiī	dḗsitum	dēsinere	ablassen, aufhören
8.	sternō	strāvī	strātum	sternere	hinbreiten
	prō|sterno	prōstravī	prōstrātum	prōsternere	hinstrecken

Präsenserweiterung mit -sc-:

9.	crēscō	crēvī	–	crēscere	wachsen, zunehmen
10.	(**nōscō**	nōvī	nōtum	nōscere	kennenlernen)
	cō|gnōscō	cōgnōvī	cógnitum	cōgnōscere	erkennen, bemerken
11.	cōn|**suēscō**	cōnsuēvī	–	cōnsuēscere	sich gewöhnen

Perfekt-Bildung mit -u-

12.	**colō**	coluī	cultum	colere	bebauen, pflegen; verehren
13.	cón|sulō	cōnsuluī	cōnsultum	cōnsulere (*m. Akk.*) (*m. Dat.*)	um Rat fragen; sorgen (*für*)
14.	(**serō**	seruī	sertum	serere	aneinanderreihen)
	dé|serō	dēseruī	dēsertum	dēserere	verlassen, im Stich lassen
15.	pōnō	posuī	positum	pōnere	setzen, stellen, legen

Perfekt-Bildung mit -s-

Präsens-Stamm auf P-Laut:

16.	**scrībō**	scrīpsī	scrīptum	scrībere	schreiben, verfassen
17.	carpō	carpsī	carptum	carpere	pflücken

Sonderbildungen:

18.	**sūmō**	sūmpsī	sūmptum	sūmere	nehmen, aussuchen
	cōn|sūmō	cōnsūmpsī	cōnsūmptum	cōnsūmere	verbrauchen, verschwenden

Präsens-Stamm auf K-Laut:

19.	**dīcō**	dīxī	dictum	dīcere	sagen, sprechen; nennen
20.	**dūcō**	dūxī	ductum	dūcere	führen, ziehen;
				(*m. dopp. Akk.*)	halten (*für*)
	ad|dūcō	addūxī	adductum	addūcere	heranführen; veranlassen
21.	af|**flīgō**	afflīxī	afflīctum	afflīgere	niederschlagen; entmutigen
22.	dī́|**ligō**	dīlēxī	dīlēctum	dīligere	schätzen, lieben
	intél|legō	intellēxī	intellēctum	intellegere	erkennen, einsehen, verstehen
23.	**regō**	rēxī	rēctum	regere	lenken, leiten, beherrschen
	pergō	perrēxī	perrēctūrus	pergere	fortsetzen, weitermachen
24.	(**tegō**	tēxī	tēctum	tegere	bedecken, schützen)
	prṓ|tegō	prōtēxī	prōtēctum	prōtegere	schützen, beschützen
25.	trahō	trāxī	tractum	trahere	ziehen, schleppen
26.	cingō	cīnxī	cīnctum	cingere	umgürten, umgeben; umzingeln
27.	fīgō	fīxī	fīxum	fīgere	heften, befestigen
28.	flectō	flexī	flexum	flectere	biegen, beugen

Sonderbildungen:

29.	fluō	flūxī	–	fluere	fließen, strömen
30.	**struō**	strūxī	strūctum	struere	bauen, errichten, schichten
	éx|struō	exstrūxī	exstrūctum	exstruere	aufschichten, errichten
31.	vīvō	vīxī	vīctūrus	vīvere	leben

Präsens-Stamm auf T-Laut:

32.	**claudō**	clausī	clausum	claudere	schließen, absperren
33.	ē|vādō	ēvāsī	ēvāsūrus	ēvādere	herausgehen, entrinnen
	in|vādō	invāsī	invāsūrus	invādere	eindringen, angreifen; befallen
34.	**cēdō**	cessī	cessūrus	cēdere	gehen, weichen; nachgeben
	in|cēdō	incessī	incessum	incēdere	einhergehen; befallen;

35.	**mittō**	mīsī	missum	mittere	schicken, gehen lassen
	ā|mittō	āmīsī	āmissum	āmittere	aufgeben; verlieren
	com|mittō	commīsī	commissum	committere	zustande bringen;
					anvertrauen
	dē|mittō	dēmīsī	dēmissum	dēmittere	herablassen, senken

Perfekt-Bildung durch Dehnung

36.	**ăgō**	ēgī	āctum	ăgere	treiben, vertreiben;
					verhandeln
	cōgō	co|ēgī	coāctum	cōgere	sammeln, zwingen
37.	**ĕmō**	ēmī	ēmptum	ĕmere	nehmen; kaufen
38.	**lĕgō**	lēgī	lēctum	lĕgere	lesen, sammeln;
					auswählen
39.	cōn|sīdō	cōnsēdī	–	cōnsīdere	sich setzen,
					sich niederlassen
40.	frangō	frēgī	frāctum	frangere	brechen, verletzen,
					schwächen

Perfekt-Bildung durch Reduplikation

41.	**cadō**	cécidī	cāsūrus	cadere	fallen
42.	**caedō**	cecídī	caesum	caedere	fällen, niederhauen;
					schlagen
43.	fallō	fefellī	–	fallere	täuschen
	fallit	fefellit	–	fallere*(m.Akk.)*	*es* entgeht
44.	(**dō**	dedī	datum	dare	geben)
	ab|dō	ábdidī	ábditum	abdere	verbergen
	con|dō	cóndidī	cónditum	condere	gründen; verwahren;
					bestatten
	prō|dō	pródidī	próditum	prōdere	preisgeben, verraten;
					überliefern
	crē|dō	crédidī	créditum	crēdere	glauben, anvertrauen
45.	**currō**	cucurrī	cursum	currere	laufen, rennen
	concurrō	concurrī	concursum	concurrere	zusammenlaufen
46.	**tendō**	tetendī	tentum	tendere	spannen, strecken
	con|tendo	contendı	contentum	contendere	sich anstrengen; eilen;
					kämpfen; behaupten
47.	(**tangō**	tétigī	tāctum	tangere	berühren)
	con|tingit	cóntigit	–	contingere	*es* gelingt
48.	pellō	pépulī	pulsum	pellere	treiben, schlagen,
					vertreiben
49.	re|sistō	réstitī	–	resistere	Widerstand leisten
50.	bibō	bibī	–	bibere	trinken
51.	discō	dídicī	–	discere	lernen

UNREGELMÄSSIGE VERBEN

ESSE – IRE

		ESSE			IRE		
		Präsens	Imperfekt	Futur I	Präsens	Imperfekt	Futur I
Indikativ		s-*u*m	er-**am**	er-ō	e-ō	ī-**bam**	ī-**bō**
		es	er-**ās**	er-*i*s	ī-s	ī-**bās**	ī-**b***i*s
		es-t	er-**at**	er-*i*t	i-t	ī-**bat**	ī-**b***i*t
		s-*u*mus	er-**āmus**	er-*i*mus	ī-mus	ī-**bāmus**	ī-**b***i*mus
		es-tis	er-**ātis**	er-*i*tis	ī-tis	ī-**bātis**	ī-**b***i*tis
		s-*u*nt	er-**ant**	er-*u*nt	e-*u*nt	ī-**bant**	ī-**b***u*nt
Konjunktiv		s-**im**	es-**sem**	**Imperativ**	e-am	ī-**rem**	**Imperativ**
		s-**īs**	es-**sēs**	es!	e-ās	ī-**rēs**	ī!
		s-**it**	es-**set**	es-**te**!	e-at	ī-**ret**	ī-**te**!
		s-**īmus**	es-**sēmus**		e-āmus	ī-**rēmus**	**Part. Präs.**
		s-**ītis**	es-**sētis**		e-ātis	ī-**rētis**	i-**ēns**
		s-**int**	es-**sent**		e-ant	ī-**rent**	e-*u*n**tis**

Perfekt

fu-ī

Perfekt

i-ī

KOMPOSITA VON IRE

eō	iī	ītum	īre	gehen
ab|eō	abiī	abĭtum	abīre	weggehen, abtreten
ad|eō	adiī	adĭtum	adīre	herangehen, aufsuchen; angreifen
ex|eō	exiī	exĭtum	exīre	hinausgehen, ausrücken
in|eō	iniī	inĭtum	inīre	hineingehen; beginnen
inter|eō	interiī	–	interīre	zugrunde gehen, umkommen
ob|eō	obiī	obĭtum	obīre	entgegengehen, besuchen; sterben
per|eō	periī	–	perīre	zugrunde gehen, umkommen
praeter|eō	praeteriī	praeteritum	praeterīre	vorbeigehen; übergehen
red|eō	rediī	redĭtum	redīre	zurückgehen, zurückkehren

Präposition	örtlich	zeitlich	übertragen
1. Präpositionen mit Akkusativ			
ad	zu, an, bei	bis zu	zu
adversus	gegen, gegenüber	—	gegen, gegenüber
ante	vor	vor	—
apud	bei (*meist bei Personen*)	—	—
extrā	außerhalb	—	außerhalb, über . . . hinaus
inter	zwischen, unter	zwischen, während	zwischen, unter
per	durch . . . hindurch	während	durch, wegen
post	nach, hinter	nach	nach
propter	neben, nahe bei	—	wegen
2. Präpositionen mit Ablativ			
ā/ab	von . . . her, von . . . an	von . . . an, seit	von (↗*Passiv*)
dē	von . . . herab	—	über, hinsichtlich
ē/ex	von . . . aus/heraus, aus	von . . . an, seit	infolge
sine	—	—	ohne
prō	vor	—	für, anstelle von, entsprechend, im Verhältnis zu
cum	mit	—	mit, in Begleitung von
3. Präpositionen mit Akkusativ und Ablativ			
in (*m. Akk.*)	in, nach (*Frage: wohin?*)	—	gegen
in (*m. Abl.*)	in, an, auf (*Frage: wo?*)	in	bei, trotz

Adverbialsätze

Subjunktion	Indikativ	Konjunktiv
1. Temporalsätze		
cum	wenn, sooft, sowie	als, nachdem
dum	solange	
dum	während (*m. Präs.*)	
postquam	nachdem (*m. Perf.*)	
priusquam	ehe, bevor	
ubī	sobald (als) (*m. Perf.*)	
2. Kausalsätze		
quod	weil	
3. Finalsätze		
ut		daß, damit
nē		daß nicht, damit nicht
4. Konsekutivsätze		
ut		(so) daß
ut nōn		(so) daß nicht
5. Kondizionalsätze		
sī	wenn, falls (*real*)	wenn, falls (*irreal / potential*)
nisi	wenn nicht (*real*)	wenn nicht (*irreal / potential*)
6. Konzessivsätze		
quamquam	obwohl, obgleich	

Subjekt-/Objektsätze

7. Abhängige Fragesätze		
Wortfragen: Frage-Pronomina z. B. **quis**, **quid**		welcher/wer; was
Frage-Adverbien z. B. **ubī**; **quam**		wo; wie
Satzfragen: **-ne**		ob
utrum . . . an		ob . . . oder
8. Abhängige Begehrsätze		
ut		daß
nē		daß nicht

Attributsätze

Relativsätze	Indikativ	Konjunktiv
Relativ-Pronomina z. B. **quī**, **quae**, **quod**	welcher, welche, welches	

KONJUNKTIONEN

X

Anreihende Konjunktionen		
atque/ac	und	*eng verbindend*
et	und	
-que	und	
etiam	auch, sogar	*steigernd*
quoque *(nachgestellt)*	auch	
neque	und nicht, auch nicht	
et ... et	sowohl . . . als auch	
neque ... neque (nec ... nec)	weder . . . noch	
nōn sōlum ... sed etiam	nicht nur . . . sondern auch	*steigernd*
nē ... quidem	nicht einmal	

Entgegensetzende Konjunktionen		
at	aber, jedoch, hingegen	*stark entgegensetzend*
sed	aber, sondern, jedoch	
immō (vērō)	vielmehr, im Gegenteil	
autem *(nachgestellt)*	aber	*schwach entgegensetzend*
tamen	dennoch, trotzdem	
neque tamen	dennoch nicht, aber nicht	

Ausschließende Konjunktionen		
aut	oder	*stark trennend*
vel	oder	*schwach trennend*

Folgernde Konjunktionen		
itaque	daher, deshalb	
igitur *(nachgestellt)*	also, deshalb	

Begründende Konjunktionen		
nam *(vorangestellt)*	denn	
enim *(nachgestellt)*	nämlich, denn	

XI

SYNTAKTISCHE FUNKTIONEN UND FÜLLUNGSARTEN

Die einzelnen syntaktischen Erscheinungen erfüllen im Satz verschiedene **Funktionen**; sie können also im Baugerüst des Satzes verschiedene **Positionen** einnehmen.

Umgekehrt läßt sich sagen: Die einzelnen Positionen des Satzes können von verschiedenartigen syntaktischen Erscheinungen „aus**gefüllt**" sein (**Füllungs**arten).

Nachfolgend werden alle wichtigen syntaktischen Erscheinungen der lateinischen Sprache im Schema des **Satzmodells** übersichtlich zusammengestellt:

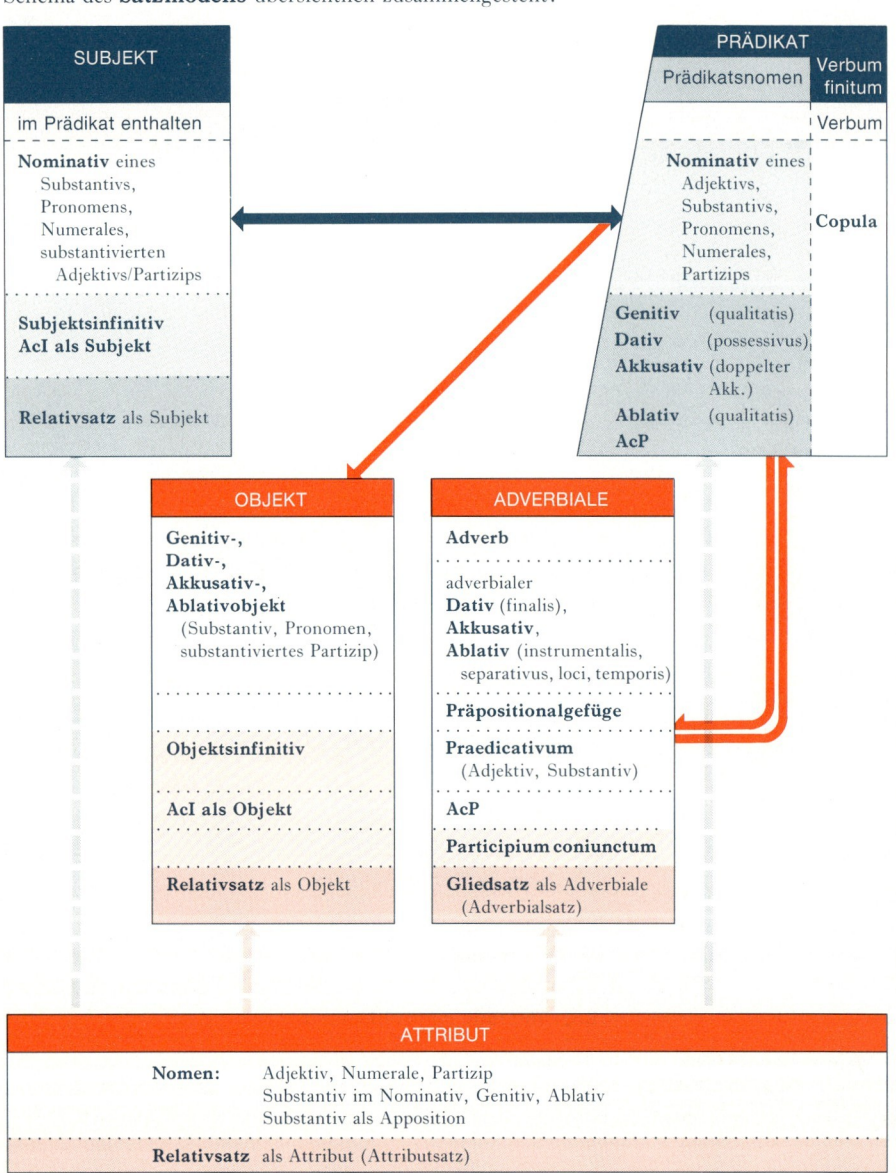

SUBJEKT

im Prädikat enthalten

Nominativ eines
  Substantivs,
  Pronomens,
  Numerales,
  substantivierten
  Adjektivs/Partizips

Subjektsinfinitiv
AcI als Subjekt

Relativsatz als Subjekt

PRÄDIKAT

Prädikatsnomen	Verbum finitum
	Verbum
Nominativ eines Adjektivs, Substantivs, Pronomens, Numerales, Partizips	**Copula**
Genitiv (qualitatis) **Dativ** (possessivus) **Akkusativ** (doppelter Akk.) **Ablativ** (qualitatis) **AcP**	

OBJEKT

Genitiv-,
Dativ-,
Akkusativ-,
Ablativobjekt
  (Substantiv, Pronomen,
  substantiviertes Partizip)

Objektsinfinitiv

AcI als Objekt

Relativsatz als Objekt

ADVERBIALE

Adverb

adverbialer
Dativ (finalis),
Akkusativ,
Ablativ (instrumentalis,
  separativus, loci, temporis)

Präpositionalgefüge

Praedicativum
  (Adjektiv, Substantiv)

AcP

Participium coniunctum

Gliedsatz als Adverbiale
  (Adverbialsatz)

ATTRIBUT

Nomen: Adjektiv, Numerale, Partizip
           Substantiv im Nominativ, Genitiv, Ablativ
           Substantiv als Apposition

Relativsatz als Attribut (Attributsatz)

SACHVERZEICHNIS